D1720032

Thomas Hockenbrink

Nachhaltigkeit und Balanced Scorecard

Erfordernisse und Herausforderungen an international tätige Hilfsorganisationen

Diplomica® Verlag GmbH

Hockenbrink, Thomas: Nachhaltigkeit und Balanced Scorecard: Erfordernisse und Herausforderungen an international tätige Hilfsorganisationen, Hamburg, Diplomica Verlag GmbH 2012

ISBN: 978-3-8428-8940-8
Druck: Diplomica® Verlag GmbH, Hamburg, 2012

Bibliografische Information der Deutschen Nationalbibliothek:
Die Deutsche Nationalbibliothek verzeichnet diese Publikation in der Deutschen Nationalbibliografie; detaillierte bibliografische Daten sind im Internet über http://dnb.d-nb.de abrufbar.

Die digitale Ausgabe (eBook-Ausgabe) dieses Titels trägt die ISBN 978-3-8428-3940-3 und kann über den Handel oder den Verlag bezogen werden.

© Diplomica Verlag GmbH
http://www.diplomica-verlag.de, Hamburg 2012
Printed in Germany

Inhaltsverzeichnis

Abbildungsverzeichnis

Tabellenverzeichnis

Abkürzungsverzeichnis

AA	=	Auswärtiges Amt
Aufl.	=	Auflage
Bsp.	=	Beispiel
bspw.	=	beispielsweise
BMI	=	Bundesministerium des Innern
BMU	=	Bundesministerium für Umwelt, Naturschutz und Reaktorsicherheit
BMZ	=	Bundesministerium für wirtschaftliche Zusammenarbeit und Entwicklung
bzw.	=	beziehungsweise
CFROI	=	Cash Flow Return on Investment
CO2	=	Kohlenstoffdioxid
CSM	=	Centre for Sustainability Management der Leuphana Universität Lüneburg
CSR	=	Corporate Social Responsibility
DMS	=	Dokumentenmanagementsystem
DRK	=	Deutsches Rotes Kreuz
et al.	=	et alli (und andere)
EU	=	Europäische Union
EUR/€	=	Euro
EVA	=	Economic Value Added
ggf.	=	gegebenenfalls
Hrsg.	=	Herausgeber
Jg.	=	Jahrgang
kWh	=	Kilowattstunde
Mio.	=	Millionen
NPO	=	Nonprofit Organisation
NGO	=	Non-Governmental Organisation
o. A.	=	ohne Angabe
p. a.	=	per anno
ROCE	=	Return on Capital Employed

ROI	=	Return on Investment
S.	=	Seite
SBS	=	Sustainable Balanced Scorecard
SBSC	=	Sustainability Balanced Scorecard
SGB	=	Sozialgesetzbuch
ssfh	=	stiftung st. franziskus heiligenbronn
u. a.	=	unter anderem
Vgl.	=	Vergleiche
z. B.	=	zum Beispiel
ZfCM	=	Zeitschrift für Controlling & Management

1 Einleitung

Die Balanced Scorecard (BSC) kann ein Instrument sein, um die Diskrepanz zwischen Strategiefindung und -umsetzung zu überwinden. Innovative Unternehmen nutzen die BSC als organisatorischen Rahmen für den gesamten Managementprozess. Dabei kann das gesamte Potenzial der BSC dann genutzt werden, wenn sie als strategisches Managementsystem verstanden wird, um die Unternehmensstrategie langfristig zu verfolgen.[1]

1.1 Problemstellung

Die wenigen Einleitungssätze verdeutlichen das Ziel und den Hintergrund zur Nutzung einer BSC. Sie dient als strategisches Controlling-Instrument mit dem Ziel, die Unternehmensstrategie in einem ausgewogenen Kontext darzustellen. Die Aktivitäten der Organisation sollen im Hinblick auf deren Vision und Strategie messbar, dokumentierbar und steuerbar werden.

Das Umfeld, in dem sich Hilfsorganisationen bewegen, ist zunehmend schwieriger geworden. Hilfsorganisationen hängen ökonomisch ab von den privaten Spenden und öffentlichen Zuwendungen. Sie agieren ebenfalls auf einem Markt, indem sie im Verdrängungswettbewerb mit anderen Hilfsorganisationen stehen und untereinander konkurrieren. Alle Hilfsorganisationen sind daher mehr denn je aufgefordert, ökonomisch zu handeln. Hierzu zählt das effektive und effiziente Wirtschaften mit den zur Verfügung gestellten monetären Mitteln.[2] Das hierbei festgestellte sowohl organisationsinterne als auch -externe Problem ist das Nichterkennen einer Unternehmensstrategie.[3] Häufig besteht auf oberster Unternehmensebene keine Klarheit über Vision und strategische Ziele. Oftmals fehlt die Verbindung zwischen strategischen Zielen und Zielen einzelner Geschäftsbereiche oder Niederlassungen. Zudem werden Strategien als bloße Wunschvorstellungen formuliert, deren Realisierung anhand monetärer Größen gemessen werden, die Mitarbeiter nicht verstehen, da Sinnzusammenhänge und Ursache-Wirkungsbeziehungen nicht transparent gemacht werden. Daraus folgt unmittelbar die Notwendigkeit, eine integrierte, ganzheitliche und unter-

---

[1] Vgl. Horvàth (2011), S. 232.
[2] Vgl. Helmig et al. (2006), S. 355.
[3] Vgl. Sure (2009), S. 100.

nehmensspezifische Gesamtsicht in Form einer ausgewogenen Zusammenstellung von monetären und nicht-monetären Kennzahlen zu entwickeln, um den Entscheidungsträgern im Unternehmen differenzierte Informationen über wichtige strategische Faktoren zu geben. Nur so ist eine sinnvolle und effektive strategische Steuerung, auch durch ein Controlling, möglich.[4]

1.2 Zielsetzung

Mit der vorliegenden Arbeit soll das System der BSC vorgestellt werden. Konkret werden Hilfsorganisationen, als ein Teil der so genannten Nonprofit-Organisationen (NPO), auf die Anwendbarkeit des Systems der BSC dargestellt und untersucht.

Es sollen unter anderem Antworten auf die Fragen gegeben werden:

- Ist eine BSC für Hilfsorganisationen sinnvoll?
- Wie müsste eine BSC für eine Hilfsorganisation aussehen?
- Gibt es bereits praktische Beispiele für die Einführung einer BSC bei Hilfsorganisationen?

Darüber hinaus ist das Ziel dieser Arbeit, die Fragestellungen im Kontext von Nachhaltigkeit zu untersuchen. Damit wird die Entstehung des Begriffes Nachhaltigkeits-Controlling ermittelt und eine Verbindung zum Konzept der BSC hergestellt.

Die Arbeit soll dabei immer wieder Praxisbezug zu Hilfsorganisationen herstellen. Dies sowohl zu der Fragestellung, ob die Implementierung einer BSC konkret für Hilfsorganisationen sinnvoll oder notwendig erscheint. Aber auch in Bezug auf nachhaltiges Wirtschaften und Controlling.

---

[4] Vgl. Sure (2009), S. 100.

1.3 Vorgehensweise

Um einen ersten Einstieg in das Thema zu finden, wird im zweiten Kapitel das Konzept der Nachhaltigkeit beleuchtet und dargestellt. Inhaltlich wird erläutert, woraus die Diskussion um Nachhaltigkeit entstanden ist und was konkret darunter zu verstehen ist. Im Laufe des Kapitels werden die zentralen Herausforderungen unternehmerischer Nachhaltigkeit dargestellt, um einen konkreten Bezug auf das Unternehmensumfeld und Nachhaltigkeit herzustellen. Schließlich wird die Brücke zwischen Nachhaltigkeit und Controlling geschlagen, woraus auch der Begriff Nachhaltigkeits-Controlling schlussendlich entstanden ist. Ein Zwischenfazit zeigt zusammenfassend die Aktualität des Themas und erläutert die Notwendigkeit, sich mit dem Thema in Zukunft auseinander zu setzen.

Das dritte Kapitel stellt Hilfsorganisationen als Protagonisten dieser Arbeit näher vor. Zunächst werden Hilfsorganisationen auf Basis theoretischer Kenntnisse abgegrenzt und definiert, sowie deren Tätigkeitsfelder näher beschrieben. Sie werden im Zuge der NPO eingeordnet und im Speziellen abgegrenzt. Weiterhin soll der Teil dieses Kapitels zur wirtschaftlichen Bedeutung von Hilfsorganisationen diese praxisnah vorstellen und in Bezug auf die Punkte Finanzierung, Förderung, Beschäftigung und Wachstum anhand einer kurzen Empirie mögliche Unterschiede erkennen lassen.

Hierauf aufbauend folgt im vierten Kapitel die Verzahnung von Hilfsorganisationen und Controlling. Zu Beginn werden Ziele, Voraussetzungen und Besonderheiten des Controllings bei Hilfsorganisationen vorgestellt. Im Verlauf des Kapitels werden konkrete Controlling-Instrumente kurz vorgestellt und auf ihre Tauglichkeit in Bezug auf Hilfsorganisationen untersucht.

Das fünfte Kapitel befasst sich mit dem System der BSC. Hierbei wird das Entstehen der BSC sowie dessen Ziele erläutert, bevor die klassischen Perspektiven der BSC vorgestellt werden. Im Verlauf des Kapitels werden die Entwicklung einer BSC sowie aktuelle Zahlen zu ihrer Bedeutsamkeit dargestellt. Weiterhin wird, gerade unter dem Aspekt der Nachhaltigkeit, die so genannte Sustainability Balanced Scorecard (SBSC) näher vorgestellt. Diese ermöglicht die Integration von Nachhaltigkeitsaspekten in das Konzept der BSC auf zwei unterschiedlichen Wegen. Letztlich wird anhand eines Beispiels verdeutlicht, ob die BSC konkret in der Praxis nutzbar ist und welche Erfahrungen hiermit gemacht wurden.

Das letzte Kapitel befasst sich mit den Konsequenzen für das Controlling in Hilfsorganisationen vor dem Hintergrund der zuvor diskutierten Aspekte und getätigten Aussagen. Abschließend werden Vorteile und Nachteile zur Implementierung einer BSC bei Hilfsorganisationen dargelegt und ein Ausblick soll die Arbeit abrunden.

2 Konzept der Nachhaltigkeit

Nachhaltigkeit ist ganz ohne Zweifel zu einem Trendwort am Beginn des 21. Jahrhunderts geworden. Jedes Handeln muss nachhaltig sein, gute Entscheidungen nachhaltige Wirkungen mit sich führen und Innovationen einen Beitrag zur Nachhaltigkeit leisten.[5]

Das folgende Kapitel soll den Begriff Nachhaltigkeit näher bringen, eine Verknüpfung zu den unternehmerischen Herausforderungen in diesem Zusammenhang aufzeigen und die Verbindung zum Controlling herstellen.

2.1 Das Zeitalter der Diskontinuitäten als Ausgangspunkt

Als Diskontinuität wird durchweg eine unterbrochene Fortdauer bzw. ein unterbrochener Zusammenhang bezeichnet. Diese zum Teil abrupten Änderungen kennzeichnen die Dynamik und die Komplexität der Umwelt.[6]

Die Zusammenstellung eines so genannten Diskontinuitätenkataloges findet sich im Anhang 1 dieser Arbeit wieder.

Steigende Dynamik und die Häufigkeit von Diskontinuitäten wird durch die Zunahme der Komplexität des Unternehmensgeschehens, hauptsächlich in Bezug auf die zu treffenden Entscheidungen, verursacht. Komplexe Problemstellungen treten in erster Linie bei strategischen Unternehmensentscheidungen und im Zusammenhang mit der Forderung nach einem nachhaltigen Wirtschaften auf.[7]

Folgende beispielhafte Einflussfaktoren bilden mögliche Gründe für die gestiegene Veränderungsdynamik der Unternehmen:

- Stagnierende oder rückläufige Nachfrage in einigen Branchen aufgrund von Marktsättigung
- Internationalisierung und Globalisierung des Wettbewerbs
- Gestiegenes Umweltbewusstsein
- Geschwindigkeitszunahme des technischen Fortschritts und somit Verkürzung von Innovations- und Produktlebenszyklen.[8]

---

[5] Vgl. Faupel/Stremmel (2011), S. 300.
[6] Vgl. Horvàth (2012), S. 4.
[7] Vgl. Müller (2002), S. 35.
[8] Vgl. Müller (2011), S. 10.

Die damit verbundene permanente Veränderungsbereitschaft stellt eine zunehmende Herausforderung für erfolgreiche Unternehmen dar. Der Begriff der Flexibilität wird zum Schlüsselfaktor der Lebensfähigkeit von Unternehmen. Erfolg setzt daher neben einer hohen Reaktionsgeschwindigkeit auf die andauernden Diskontinuitäten auch eine Flexibilität auf die unbeständigen Marktgegebenheiten voraus.

Ein weiterer Ansatzpunkt ist die Verbesserung der Informationsversorgung des Managements. Gerade die Beschaffung von aussagekräftigen Informationen zur Bewältigung der Komplexität gestaltet sich zunehmend unmöglich. Unternehmungen sind angehalten neben einer Vielzahl so genannter „harten" Informationen z. B. aus der Kosten- und Leistungsrechnung, auch „weiche" Faktoren wie Kundenzufriedenheit und Betriebsklima vermehrt zu berücksichtigen. Zudem sind Aspekte wie Wirtschaftslage oder der Stellenwert des Umweltschutzes unvermeidlich notwendige Management-Informationen zur Bewältigung der zunehmenden Komplexität.[9]

Der Bedarf an adäquaten Problemlösungsinstrumenten zur erfolgreichen Bewältigung von Komplexität und Diskontinuitäten nimmt zu.

2.2 Begriff der Nachhaltigkeit

„Mit Nachhaltigkeit wird angestrebt, dass die jetzige Generation nicht auf Kosten der nachfolgenden Generation lebt."[10]

Diese Aussage geht aus der bekanntesten Definition von Nachhaltigkeit, von den Vereinten Nationen aus dem Jahre 1987 hervor. Die Weltkommission für Umwelt und Entwicklung entwickelte diese im Jahre 1987 unter der Leitung der ehemaligen norwegischen Ministerpräsidentin Gro Harlem Brundtland. Sie besagt, dass eine nachhaltige Entwicklung den Bedürfnissen der heutigen Generation entspricht, ohne die Möglichkeiten künftiger Generationen zu gefährden, um auch deren eigene Bedürfnisse zu erfüllen.[11]

---

[9] Vgl. ebenda, S. 14.
[10] Brühl (2012), S. 20.
[11] Vgl. Schäffer (2011), S. 81.

Es wird also verlangt, dass der gegenwärtige Gebrauch oder Verbrauch von ökonomischen, ökologischen und sozialen Ressourcen nicht den zukünftigen Gebrauch oder Verbrauch beeinträchtigt.[12]

Nachhaltigkeit stellt die langfristige Konsequenz des Handelns in den Vordergrund. Somit geht es im Sinne einer verstärkten Strategieorientierung vorrangig um den Aufbau dauerhafter Wettbewerbsvorteile.[13]

Hinzu kommt der strategische Wettbewerbsvorteil des verantwortungsvollen Handelns auf globalisierten Märkten. Soziales und ökologisches Handeln wird nicht länger als Abwehr von Risiken verstanden. Es werden sich positive Wirkungen für das Unternehmen einstellen, wie etwa auf die Reputation, die Erschließung neuer Märkte oder die Steigerung von Mitarbeitermotivation.[14]

Als Nachhaltigkeitsdimensionen lassen sich Ökologie, Ökonomie und Soziales unterscheiden.

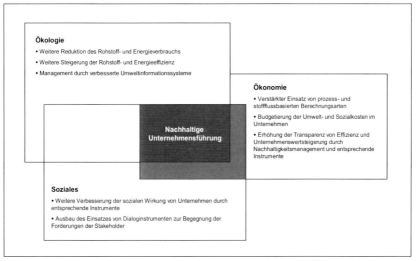

Abbildung 1: Anforderungen der nachhaltigen Unternehmensführung;
Quelle: Eigene Darstellung in Anlehnung an Horváth (2011), S. 64.

---

[12] Vgl. Kurz (2005), S. 70.
[13] Vgl. Müller (2011), S. 25.
[14] Vgl. ebenda, S. 24.

2.3 Zentrale Herausforderungen unternehmerischer Nachhaltigkeit

Das Leitbild der nachhaltigen Entwicklung umfasst die drei Dimensionen Ökonomie, Ökologie und Soziales. Diese drei streben als vierte Dimension die Integration der drei zuvor genannten Dimensionen an. Die Vorstellung der unternehmerischen Nachhaltigkeit hat in den vergangenen Jahren zunehmend an Bedeutung gewonnen. In dem Zusammenhang ergeben sich vier Nachhaltigkeitsherausforderungen. Diese erfordern wiederum eine Steigerung der Effektivitäten bzw. Effizienzen, wie in der nachfolgenden Abbildung dargestellt:

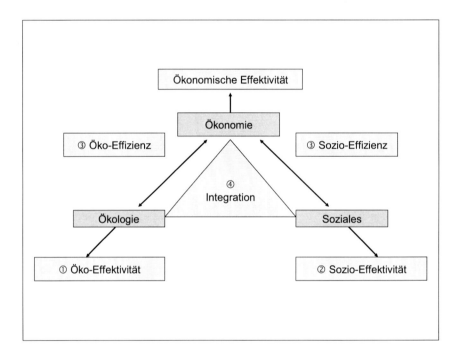

Abbildung 2: Die vier Herausforderungen an Unternehmen;
Quelle: Eigene Darstellung in Anlehnung an Schaltegger et al. (2007), S. 14.

Im Folgenden werden die einzelnen Herausforderungen vorgestellt und für diese Arbeit in einen beabsichtigten Zusammenhang, wie bildlich dargestellt, gebracht.

2.3.1 Ökologische Herausforderungen

Das Ökosystem wird von allen menschlichen Handlungen bewusst oder unbewusst tangiert. Der Treibhauseffekt, die steigende Abfallproblematik, der Rückgang der Biodiversität oder die Zerstörung der Ozonschicht sind einige der zentralen Umweltprobleme unserer Zeit.[15]

Die insgesamt hohe Umweltbelastung, z. B. durch CO_2-Emissionen, bedingt die Umwelteinwirkungen von Produktionsprozessen, Produkten, Dienstleistungen und Investitionen weiter zu vermindern. Ein ausgewogenes Umweltmanagement befindet sich in der Umbruchshaltung von der Ökologie als Kostenfaktor hin zu Ökologie als Wettbewerbsfaktor.[16]

Als Öko-Effektivität oder Umweltwirksamkeit wird in diesem Zusammenhang bezeichnet, wie erfolgreich eine Unternehmung der ökologischen Herausforderung begegnet. Effektivität misst grundsätzlich den Zielerreichungs- oder Wirkungsgrad.

Öko-Effektivität bestimmt das Maß der absoluten Umweltverträglichkeit, was bedeutet, wie gut das verfolgte Ziel zur Reduzierung von Umwelteinwirkungen erzielt wurde.[17]

Bei der Reduktion der CO_2-Emissionen ist die Messung noch gut nachvollziehbar. Andere Fälle, wie etwa ein Sondermüllofen werden ökologisch als ineffizient eingestuft und ergeben bereits Zielkonflikte.

Solche Zielkonflikte müssen sich an deutliche Formulierungen des angestrebten Verbesserungsziels auf der einen Seite und der Beurteilung an gesellschaftlich akzeptierten naturwissenschaftlichen Erkenntnissen andererseits orientieren.[18]

2.3.2 Soziale Herausforderungen

Unternehmen stehen in Bezug auf den Umgang mit ihren Mitarbeitern oft im Fokus. Der Mensch und seine Arbeitsleistung bilden eines der wichtigsten Güter von Unternehmen. Beeinflusst und getragen von vielen Stakeholdern stehen diese seit jeher vor der sozialen Aufgabe der Führung von Menschen und der

---

[15] Vgl. Kurz (2005), S. 76.
[16] Vgl. Horvàth et al. (2011), S. 181.
[17] Vgl. Schaltegger et al. (2007), S. 15.
[18] Vgl. Chouinard et al. (2011), S. 70.

Organisation von Aktivitäten.[19] Hierbei besteht die Herausforderung darin, die Vielzahl an gesellschaftlichen, kulturellen und individuellen sozialen Ansprüchen der Menschen im Unternehmen zu berücksichtigen.

Zu den wichtigsten Ansprüchen zählen hierbei Gleichberechtigung in den Punkten Frauenförderung, bei ethnischen Minderheiten, bei ausländischen Mitarbeitern, Behinderten oder älteren Mitarbeitern. Hinzu kommen außerdem Aspekte wie Arbeitsplatzsicherheit, Arbeitsbedingungen, Betriebsklima, Führungsstil im Unternehmen, Gehaltsstruktur und Sozialleistungen oder auch kulturelles Engagement und Korruptionsbekämpfung. Durch Abfragen per Fragebogen mit einfachem Ausschlussprinzip, wie ja/nein oder beachtet/nicht beachtet werden die Kriterien anhand von Checklisten geprüft.[20]

Wenn Unternehmen das absolute Niveau der negativen sozialen Wirkungen spürbar reduziert haben und gering halten können, werden sie als sozial effektiv bezeichnet. Der Begriff Sozio-Effektivität wurde in diesem Zusammenhang bislang nur unzureichend definiert. Fest steht jedoch, dass Managementansätze, die zur Reduktion sozial unerwünschter und zur Steigerung sozial erwünschter Wirkungen beitragen, die Sozio-Effektivität von Unternehmen verbessern.

2.3.3 Ökonomische Herausforderungen an das Umwelt- und Sozialmanagement

Traditionelle ökonomische Herausforderungen bestehen darin, den Unternehmenswert zu steigern. Ökonomische Nachhaltigkeitsherausforderungen bestehen darin, das Umweltmanagement und das Sozialmanagement möglichst wirtschaftlich zu gestalten. Wichtige ökonomische Ansatzpunkte der Nachhaltigkeit sind u. a. Maßnahmen mit Kostensenkungswirkung (z. B. durch Steigerung der Energieeffizienz), der Umsatzsteigerung (z. B. durch neue nachhaltige Produkte), der Reputationssteigerung oder der Steigerung der Attraktivität als Arbeitgeber.[21]

Die Bewältigung von Knappheiten, eine Abwägung von Zielen und das Verhältnis von erwünschten und unerwünschten Wirkungen zu verbessern, zählen zu den traditionellen ökonomischen Kernaufgaben. Dieses Verhältnis wird dann als

---

[19] Vgl. Ries/Wehrum (2011), S. 27.
[20] Vgl. Schaltegger et al. (2007), S. 16.
[21] Vgl. ebenda, S. 16.

Effizienz definiert. Im Zusammenhang von Nachhaltigkeitszielen müssen ökologische und soziale Aspekte ergänzt werden. Neben der ökonomischen Effizienz (z. B. erwirtschaftete EUR pro investierte EUR) existieren in der nachhaltigen Entwicklung noch zwei weitere Arten:

- Öko-Effizienz (ökonomisch-ökologische Effizienz)
- Sozio-Effizienz (ökonomisch-soziale Effizienz).[22]

Öko-Effizienz definiert das Verhältnis zwischen ökonomischen und einer physikalischen (ökologischen) Größe. Beispiele für Maße der Öko-Effizienz sind Wertschöpfung [EUR]/emittiertes CO2 [t], Wertschöpfung [EUR]/fester Abfall [t] oder Wertschöpfung [EUR]/verbrauchte Energie [kWh].[23]

Sozio-Effizienz definiert das Verhältnis von Wertschöpfung und dem sozialen Schaden. Dieser wird wiederum als Summe aller negativen sozialen Auswirkungen bezeichnet, die von einem Produkt, Prozess oder einer Aktivität ausgehen. Beispiele sind Wertschöpfung [EUR]/Personalausfälle [Anzahl] oder Wertschöpfung [EUR]/Krankheitszeit [Tage].[24]

Die Ansätze des Managements, die das Verhältnis zwischen Wertschöpfung einerseits und ökologischer oder sozialer Schadschöpfung andererseits verbessern, tragen zur Erhöhung der Öko- bzw. Sozio-Effizienz im Unternehmen bei.

2.3.4 Integrationsherausforderungen

Die größte Herausforderung des unternehmerischen Nachhaltigkeitsmanagements ist die Integrationsherausforderung. Diese beinhaltet zwei Aspekte:

- Inhaltliche Integrationsherausforderung bedeutet die Zusammenfassung und gleichzeitige Erfüllung der drei dargestellten Ansprüche
- Instrumentelle Integrationsherausforderung bedeutet die Berücksichtigung des Umwelt- und Sozialmanagements in das konventionelle ökonomische Management.[25]

---

[22] Vgl. Schaltegger et al. (2007), S. 17.
[23] Vgl. ebenda, S. 17.
[24] Vgl. ebenda, S. 17.
[25] Vgl. Schaltegger et al. (2007), S. 18.

Ziel des ersten Anspruches ist die gleichgerichtete Berücksichtigung und Erhöhung von Öko-Effektivität, Sozio-Effektivität, Öko-Effizienz und Sozio-Effizienz. Alle vier Aspekte sollen integriert betrachtet werden.

Ziel des zweiten Anspruches ist die methodische und instrumentelle Integration von „Effektivitätsmanagement" (Umwelt- und Sozialmanagement) und „Effizienzmanagement" (ökonomisches Umwelt- und Sozialmanagement) in das konventionelle ökonomische Management.[26]

Nun ist es an geeigneten Managementansatzen, die zur Verbesserung der Öko- und Sozio-Effektivität sowie zur Erhöhung der Öko- und Sozio-Effizienz verhelfen.

Derzeit werden vierzig Managementansätze als relevant identifiziert. Die tatsächliche Anwendung, also Verbreitung in der Praxis, die Ausrichtung des Ansatzes auf die beschriebenen Herausforderungen sowie das eingeschätzte Potenzial zur Erfüllung der bevorstehenden Aufgaben sind hierbei die Kriterien, nach denen die vierzig Managementansätze ausgewählt wurden. Die Übersicht steht in dieser Arbeit als Anhang 2 zur Verfügung.

2.4 Nachhaltigkeit und Controlling

Zu den vielen Themen, die das Controlling bereits in der Unternehmensführung erfolgreich abbildet, gewinnt auch die Nachhaltigkeit des Handelns zunehmend an Bedeutung. Und das sowohl in ökonomischer, sozialer, als auch in ökologischer Hinsicht. Zudem spielt das Controlling gerade bei der Steuerung von Nachhaltigkeit eine besondere Rolle.[27]

2.4.1 Bedeutung von Nachhaltigkeit

Die Bedeutung von Nachhaltigkeit wird vom externen Umfeld eines Unternehmens bestimmt. Zum einen von den externen Akteuren, wie Kunden, Kapitalgebern,

Ratingagenturen oder Non-Governmental Organisationen (NGO). Andererseits beeinflussen so genannte Megatrends wie Ressourcenknappheit und der Klimawandel die Bedeutung von Nachhaltigkeit für ein Unternehmen.[28]

---

[26] Vgl. ebenda, S. 18.
[27] Vgl. Isensee/Henkel (2011), S. 136.
[28] Vgl. Weber et al. (2012), S. 33.

Die Anforderungen des Umfelds lassen sich auf zwei Dimensionen begrenzen: Die Bedeutung von Nachhaltigkeit für das Marktpotenzial sowie die Bedeutung von Nachhaltigkeit für die Leistungserstellung eines Unternehmens.

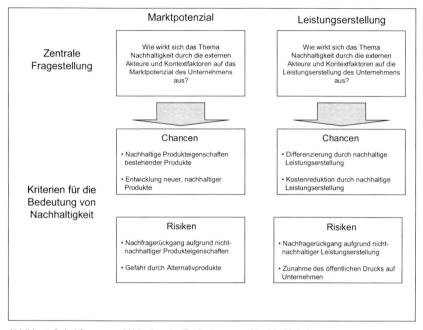

Abbildung 3: Leitfragen und Kriterien der Bedeutung von Nachhaltigkeit;
Quelle: Eigene Darstellung in Anlehnung an Weber et al. (2012), S. 34.

Anhand der Abbildung wird verdeutlicht, wie sich das Thema Nachhaltigkeit durch die externen Einflussnehmer auf das Marktpotenzial eines Unternehmens auswirkt. Hieraus ergeben sich Chancen und Risiken für das Unternehmen. Diese Chancen und Risiken bilden somit die Kriterien für die Bedeutung von Nachhaltigkeit.

Weiterhin wird eine zweite Leitfrage untersucht: Wie wirkt sich das Thema Nachhaltigkeit durch die externen Einflussnehmer auf die Leistungserstellung eines Unternehmens aus? Welche Chancen und Risiken bestehen hierbei?

Die dargestellten Kriterien spiegeln die zentralen Blickwinkel der beiden Dimensionen von Nachhaltigkeit wider.[29]

2.4.2 Rolle des Controllings bei der Steuerung von Nachhaltigkeit

Unternehmen nutzen Steuerungsinstrumente aus drei Gründen:

(1) Steuerung macht den Mitarbeitern transparent, welche Ziele das Unternehmen hat. Dies ist gerade im Bezug auf Nachhaltigkeit wichtig, da Mitarbeiter häufig nicht wissen, welchen Beitrag sie hierzu durch Ihre Arbeit leisten bzw. leisten können.[30]

(2) Steuerung soll Motivationsprobleme der Mitarbeiter verhindern. Konkret sollen persönliche Interessen hinter den Interessen des Unternehmens gestellt werden.

(3) Steuerung soll das Problem lösen, dass Mitarbeiter für Aufgaben und Ziele verantwortlich sind, die sie durch mangelnde Erfahrung nicht erledigen oder erreichen können.[31]

Das Controlling ist für die Steuerung wichtiger Themen im Unternehmen verantwortlich. Für die Mitverantwortung bei der Steuerung von Nachhaltigkeit in Unternehmen kommen insgesamt zwei Bereiche in Betracht.

Zum einen der fachlich verantwortliche Bereich und andererseits das Controlling.

In einigen Großunternehmen gibt es bereits eigenständige Nachhaltigkeitsabteilungen, die sich für das Thema verantwortlich zeigen.

Für den Fall, dass die Bedeutung von Nachhaltigkeit für das Marktpotential im Unternehmen hoch ist, so ist auch die Zuordnungsfrage zugunsten der Abteilung Controlling einfach zu entscheiden.

Da das Controlling in diesen Fällen bereits für die bestehenden Reportingstrukturen, Informationssysteme sowie für operative und strategische Planungen verantwortlich ist, sollte es auch die Verantwortung für die Regelsteuerung der nachhaltigen Produkte übernehmen.[32]

---

[29] Vgl. Weber et al. (2012), S. 35.
[30] Vgl. Weber et al. (2012), S. 73.
[31] Vgl. ebenda, S. 74.
[32] Vgl. ebenda, S. 92.

Die Zusammenarbeit der Fachabteilung Nachhaltigkeit und Controlling könnte wie folgt funktionieren:

Das Controlling stellt den Prozess zur Verfügung und die fachlich verantwortliche Abteilung liefert die Inhalte. In diesem Fall könnte das Controlling ein Feld zum Thema Nachhaltigkeit in das Softwareplanungstool einfügen, welches von den Bereichen im Planungsprozess ausgefüllt werden muss. Die Nachhaltigkeitsabteilung plausibilisiert daraufhin die Bottom-up-Planung.[33]

In der Praxis konnten drei verschiedene Rollen des Controllings bei der Steuerung von Nachhaltigkeit festgestellt werden:

(1) Mitverantwortung für die Steuerung

(2) Unterstützung bei der Steuerung

(3) Nichtbeteiligung an der Steuerung.

Hierbei ist auffällig, dass bei Unternehmen, in denen Nachhaltigkeit eine große Bedeutung bei der Leistungserstellung besitzt, das Controlling eine Mitverantwortung für die Steuerung übernimmt.

Bei geringer Bedeutung für die Leistungserstellung liegt die Verantwortung bei den Fachabteilungen und das Controlling unterstützt nur oder ist nicht beteiligt.[34]

Gründe für eine Beteiligung des Controllings am Steuerungsprozess sind seine System- und Methodenkompetenz, seine Verantwortlichkeit für die finanzielle Regelsteuerung, seine Glaubwürdigkeit sowie seine Rolle, die Rationalität des Managements zu sichern. Gerade um dieser Rolle gerecht zu werden, sollte das Controlling eine Mitverantwortung für die Steuerung von Nachhaltigkeit übernehmen.[35]

Gründe gegen eine Beteiligung des Controllings an der Steuerung von Nachhaltigkeit sind die hohe Komplexität des Themas, die fehlende Analogie zu bestehenden Tätigkeiten im Controlling oder die mangelnde Relevanz des Themas

---

[33] Vgl. Weber et al. (2012), S. 93.
[34] Vgl. ebenda, S. 94.
[35] Vgl. Isensee/Henkel (2011), S. 142.

für das Unternehmen. Die Fachabteilung ist somit schon häufig für die Steuerung verantwortlich.[36]

2.5 Zwischenfazit

Die Entwicklung der Controllingaufgaben ist durch eine Schwerpunktverlagerung gekennzeichnet. Der Fokus hat sich wegentwickelt von Aufgaben, die sich im Bereich des internen Rechnungswesens wiederfinden. Planung und Steuerung sind mehr und mehr in den Vordergrund gerückt. Der Controller ist in den vergangenen Jahren betriebswirtschaftlicher Berater und Koordinator der Unternehmensführung geworden.

Tendenzen, wie das beschriebene Phänomen der Diskontinuitäten, erfordern eine Neuausrichtung der Unternehmensführung und der Organisationsstrukturierung.[37]

Bei den Controllingaufgaben sind die einzelnen Instrumente sowie deren Einzelaufgaben nicht vollständig neu. Aber die Verknüpfungen zu einem System stellen neue Herausforderungen dar. Gerade in Bezug auf Nachhaltigkeit und deren Messung und Steuerung ist die Implementierung und Erprobung neuer Systeme in der Praxis unerlässlich.[38]

Controller sind die Ansprechpartner im Unternehmen, wenn es um die finanzielle Steuerung geht. Da jedoch im Zuge der wachsenden Bedeutung von Nachhaltigkeit für das Unternehmen ebenfalls ökologische und soziale Aspekte an Relevanz gewinnen werden, unterliegt das Controlling einem Weiterentwicklungserfordernis. Eine Beschränkung auf finanzielle Kennzahlen wird der Bedeutung des Controllings nicht gerecht.

Da der Aufbau entsprechender Controllinginstrumente noch Jahre dauern wird, sollte eine Positionierungsentscheidung eher früher als später getroffen werden.[39]

Aktuelle empirische Ergebnisse zur zukünftigen Entwicklung der strategischen Wichtigkeit des Themas Nachhaltigkeit zeigen, dass insgesamt 41% der Be-

---

[36] Vgl. Weber et al. (2012), S. 97.
[37] Vgl. Horvàth (2011), S. 61.
[38] Vgl. Schäffer (2011), S. 84.
[39] Vgl. Weber et al. (2012), S. 104.

fragten für die Zukunft einen noch stärkeren Einfluss von Nachhaltigkeit auf die Unternehmensstrategie erwarten.[40]

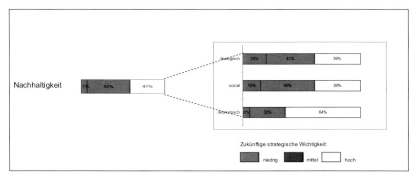

Abbildung 4: Zukünftige Entwicklung der strategischen Wichtigkeit des Themas Nachhaltigkeit; Quelle: Eigene Darstellung in Anlehnung an Weber et al. (2012), S. 63.

Umso erstaunlicher ist das Ergebnis der Studie, dass weniger als ein Drittel der genannten 41% der Meinung sind, Controlling sei zukünftig stärker dafür verantwortlich, das abstrakte Konstrukt Nachhaltigkeit in konkrete Zahlen zu überführen.[41] Ohne eine feste Integration, gerade von ökologischen und sozialen Aspekten, in Kennzahlensystemen des Controllings, ist es sehr unwahrscheinlich, dass das so genannte Nachhaltigkeits-Controlling jemals messbar sein wird. Insgesamt zeigt die Studie daher einerseits eine hohe Diskrepanz zwischen der zu erwartenden hohen strategischen Wichtigkeit des Themas Nachhaltigkeit für die Zukunft und andererseits der bislang fehlenden Verantwortung des Controllings für eine kennzahlenbasierte Implementierung in die Unternehmenssteuerung.[42]

Controller werden ihr methodisches Wissen in der Zukunft dafür einsetzen müssen, geeignete Kennzahlen zur Integration gerade von sozialer und ökologischer Nachhaltigkeit zu gestalten.

Ein geeignetes Kennzahlensystem zur Integration der Nachhaltigkeitsdimensionen Ökonomie, Ökologie und Soziales bietet die BSC, die im Verlauf vor den in dieser Arbeit diskutierten Hintergründen ausführlich dargestellt wird.[43]

---

[40] Vgl. Weber et al. (2012), S. 63.
[41] Vgl. ebenda, S. 65.
[42] Vgl. Weber et al. (2010), S. 400.
[43] Vgl. Brühl (2012), S. 21.

3 Hilfsorganisationen

Die Aufgabe einer Hilfsorganisation besteht in der Unterstützung von Menschen und Tieren. Die im Rahmen der vorliegenden Arbeit betrachteten humanitären Hilfsorganisationen konzentrieren sich dabei auf die Hilfe für Menschen. Sie gehören zu den NPO[44], die im wirtschaftlichen, sozialen und kulturellen Leben modernen Gesellschaften wie der Bundesrepublik Deutschland eine wichtige Rolle spielen.[45]

Das nun folgende Kapitel soll Hilfsorganisationen in die NPOs einordnen und ihre Arbeit und Wichtigkeit herausstellen. Gleichzeitig hebt dieses Kapitel ausgewählte Praxisbeispiele von humanitären Hilfsorganisationen heraus und stellt ihre wirtschaftliche Bedeutung und damit verbunden ihre wirtschaftlichen Verhältnisse vor.

3.1 Abgrenzung, Definition und Tätigkeitsfelder

Hilfsorganisationen sind Teil der NPOs. Nachfolgend soll ihre spezielle Rolle im Zusammenspiel von Staat und Markt aufgezeigt werden. Darüber hinaus sollen typische Charakteristika von NPOs werden vorgestellt, um eine Abgrenzungsmöglichkeit zu rein gewinnorientierten Organisationen zu überprüfen. Zum Schluss wird auf ihre Ausrichtung und die Zielsetzung Bezug genommen.

3.1.1 Organisation zwischen Staat und Markt

Organisationen, die weder dem staatlichen noch dem privaten Sektor zugeordnet werden können, werden als NPO oder auch „Dritter Sektor" bezeichnet. Sie verfügen über keine einheitlichen Strukturen und unterscheiden sich somit von den hierarchisch-bürokratischen Organisationen des Staates und den Organisationen, die von Gewinnorientierung und Marktwirtschaft geprägt sind. In erster Linie verfolgen sie ideelle oder gemeinnützige Ziele und grenzen sich damit gegenüber erwerbswirtschaftlichen Organisationen ab. Für den Staat sind diese NPOs interessant, weil sie zu dessen Entlastung bei hoheitlicher Aufgabe und zur Stärkung gesellschaftlicher Selbsthilfe beitragen. Der „Dritte Sektor" fungiert als Schnittstelle zwischen dem privaten Sektor, wie Familie und Gemeinschaft

---

[44] Vgl. Horak (1995), S. 601.
[45] Vgl. Badelt (2002), S. 3.

und dem Staat.[46] Über diesen Weg helfen Hilfsorganisationen in internationalen Krisengebieten auch mit einem nennenswerten Anteil an privaten Spendengeldern, ohne die Staatskasse zusätzlich zu belasten.

Der Dritte Sektor nimmt in der Diskussion über die Zukunft einer modernen Gesellschaft zunehmend einen bedeutenden Platz ein. Dies in erster Linie in den Bereichen Kultur, soziale Wohlfahrt, Bildung und Forschung sowie Entwicklungshilfe.[47]

3.1.2 Charakteristika von Hilfsorganisationen

NPOs, zu denen ebenfalls die Hilfsorganisationen zählen, zeichnen sich durch folgende Charakteristika aus:

- Sie verfügen über ein Mindestmaß an formaler Organisation, welches durch formalisierte Entscheidungsstrukturen und Verantwortlichkeiten gekennzeichnet ist.[48]

- NPOs sind private Organisationen und werden als nicht staatliche Organisationen verstanden. Teilweise werden Hilfsorganisationen, wie unter 3.2.3 näher vorgestellt, aber auch staatlich finanziell unterstützt.

- Sie sind nicht gewinnorientiert im Sinne einer Erwirtschaftung von Überschüssen, die Kapitalgebern zur Ausschüttung zur Verfügung stünden. Dies ist bei NPOs ausdrücklich ausgeschlossen. Dennoch sollten sie Gewinne erwirtschaften, die aber in der Organisation verbleiben oder für den Unternehmenszweck Verwendung finden.[49] Das wesentliche Ziel von Hilfsorganisationen ist hierbei also nicht die Gewinnerzielungsabsicht, sondern die Deckung sozialer Bedürfnisse ihrer Mitglieder oder Dritter.

- NPOs sind autonom. Sie verfügen daher immer über ein Minimum von Selbstverwaltung und Entscheidungsautonomie. Wichtige Entscheidungen trifft die NPO selbst und eine völlige Außenkontrolle widerspräche dem Konzept der NPO.[50]

- Die Arbeit in NPOs basiert auf einem Mindestmaß an Freiwilligkeit. Hierzu zählen Ehrenämter, wo Arbeit freiwillig geleistet wird ebenso wie

---

[46] Vgl. Zauner (2002), S. 158.
[47] Vgl. Helmig et al. (2006), S. 5.
[48] Vgl. Badelt (2002), S. 8.
[49] Vgl. Berens et al. (2001), S. 285.
[50] Vgl. ebenda, S. 285.

Spendengelder, für die das gleiche Prinzip gilt. Ausführliche Darstellungen unter 3.2.2 und 3.2.3.

Alle aufgeführten Kriterien weisen bezüglich ihrer Grenzsetzung eine Unschärfe auf. Dies macht in der Realität aber gerade den Unterschied zwischen NPO und Profit-Organisationen aus. NPOs können von daher als eine Organisationsform beschrieben werden, bei denen alle fünf Kriterien zumindest in Teilen erfüllt sein müssen.[51]

3.1.3 Ausrichtung und Zielrichtung

Es gibt eine ganze Reihe von NPOs, die nach verschiedenen Typologien, z. B. durch Staatliche und Private ausgerichtet sind. Die folgende Tabelle soll einen Überblick über die Tätigkeitsfelder der NPOs gewährleisten.

Trägerschaft		*Zweck, Aufgabe*	*Arten, Typen*

Staatliche NPO	Gemein- wirtschaftliche NPO	Erfüllung demokratisch fest- gelegter öffentlicher Aufga- ben, Erbringung konkreter Leistungen für die Bürger	▪ Öffentliche Verwaltungen
			▪ Öffentliche Betriebe
			  o Schule
			  o Museum
			  o Bibliothek

Private NPO	Wirtschaftliche NPO	Förderung und Vertretung der wirtschaftlichen Interes- sen der Mitglieder	▪ Wirtschaftsverbände ▪ Berufsverbände
	Soziokulturelle NPO	Gemeinsame Aktivitäten im Rahmen kultureller, gesell- schaftlicher Interessen, Be- dürfnisse der Mitglieder	▪ Sportvereine ▪ Kirchen
	Politische NPO	Gemeinsame Aktivitäten zur Bearbeitung und Durchset- zung politischer (ideeller) Interessen und Wertvorstel- lungen	▪ Politische Parteien ▪ Organisierte Bürgerinitia- tiven
	Soziale NPO	Erbringung karitativer oder unentgeltlicher Unterstütz- ungsleistungen an bedürftige Bevölkerungskreise	▪ Hilfsorganisationen und Dienstleitungsbetriebe für Kranke, Behinderte, Geschädigte und Benach- teiligte ▪ Entwicklungshilfeorgani- sationen

Tabelle 1: Abgrenzung, Definition und Tätigkeitsfelder der NPO;

Quelle: Eigene Darstellung in Anlehnung an Schwarz (2005), S. 29.

---

[51] Vgl. Badelt (2002), S. 9.

Hilfsorganisationen und Entwicklungshilfeorganisationen zählen zu den so genannten sozialen NPOs, die einen Teil der privaten Organisationen ausmachen. Ihr Zweck ist nach der gewählten Definition die „Erbringung karitativer oder entgeltlicher Unterstützungsleistungen an bedürftigen Bevölkerungskreise im Sozial- und Gesundheitsbereich".[52] Auch wenn die reine Gewinnerzielung nicht im Vordergrund der Aktivitäten von Hilfsorganisationen steht, so stehen sie doch unmittelbar im Wettbewerb zueinander. Alle versuchen die Gunst der Spender auf sich zu ziehen, um so möglichst erfolgreich und wirksam z. B. Armut, Krankheiten oder Hunger zu bekämpfen. An dem Beispiel des Wettbewerbs wird deutlich, dass die gegenwärtige Entwicklung von Hilfsorganisationen durch Begriffe wie Kundenorientierung, Wettbewerb, Markt und Marketing geprägt ist. Dies wird in der Literatur zu diesem Thema immer wieder deutlich. Die Unterschiede zu den Profit Organisationen sind in diesem Zusammenhang fließend und das Ziel der langfristigen ökonomischen Überlebensfähigkeit ist durch gemeinsame Problemstellungen gekennzeichnet.

3.2 Die wirtschaftliche Bedeutung von Hilfsorganisationen für Deutschland

Dieser Teil der Arbeit ist durch eine Verbindung von Theorie und Praxis geprägt. Bei den besonderen Rahmenbedingungen werden noch theoretische Grundlagen aufgearbeitet, die NPOs alle gleichermaßen treffen. Im weiteren Verlauf wird die praktische Bedeutung von einzeln ausgewählten Beispielen aus der Praxis der deutschen Hilfsorganisationen vorgestellt. Konkret wurden die Hilfsorganisationen Deutsches Rotes Kreuz (DRK), Brot für die Welt, Unicef, Welthungerhilfe und World Vision für die Darstellung ausgewählt. Hierbei wurden anhand der vorliegenden Jahresberichte 2010 der Bezug auf Finanzierung, Förderung, Beschäftigung und Wachstum im Detail genommen und gegeneinander abgegrenzt. Bei der Zusammenstellung der Zahlen besteht nicht der Anspruch auf eine umfassende Bilanzanalyse. Dem Verfasser kommt es in erster Linie darauf an, die oben aufgeführten Aspekte wie Finanzierung, Förderung, Beschäftigung und Wachstum praxisnah darzustellen.

---

[52] Schwarz (2005), S. 29.

3.2.1 Besondere Rahmenbedingungen

Die Beziehungen zwischen dem öffentlichen Sektor und dem Non-Profit-Sektor sind in Deutschland in zentralen Bereichen durch eine ausgeprägte Strukturierung gekennzeichnet. Die Grundlage hierfür bilden folgende drei Prinzipien:

- Das Subsidiärprinzip erweist NPOs eine vorrangige Stellung gegenüber der öffentlichen Hand in Bezug auf die Erstellung sozialer Dienstleistungen.[53]
- Das Selbstverwaltungsprinzip entstand aus dem Konflikt zwischen Staat und den Bürgern aus dem 19. Jahrhundert. Es sicherte, dass sich in einer autokratischen Gesellschaft, in der die Vereinigungsfreiheit nur teilweise möglich war, sich NPOs aus der kommunalen und ständischen Ordnung heraus entfalten konnten.[54]
- Das Gemeinwirtschaftsprinzip geht auf die Suche nach einer Alternative zum Kapitalismus als auch zum Sozialismus zurück. Es trieb die Genossenschaftsbewegung und die Schaffung von Organisationen auf Gegenseitigkeit im Bank- und Wohnungswesen voran.[55]

Diese drei Prinzipien haben in verschiedenem Umfang die unterschiedlichen Bereiche des Non-Profit-Sektors geformt. Das Subsidiaritätsprinzip übertrifft hinsichtlich seiner wirtschaftlichen Bedeutung die anderen beiden. Es ist auf die Erstellung sozialer Dienstleistungen und Wohlfahrtspflege ausgerichtet.[56] Durch seine Implementierung in der Sozialgesetzgebung § 4 SGB VIII hat es bewirkt, dass staatliche Wohlfahrtsmaßnahmen zwar öffentlich finanziert, aber häufig durch freie Träger ausgerichtet werden, die hierdurch entsprechend wachsen und expandieren können. Das Prinzip der Subsidiarität stellt somit das ökonomische Fundament des deutschen Non-Profit-Sektors dar. Die Wachstumsraten sind in den Sozialen Diensten und im Gesundheitswesen am größten, da diese Bereiche in den freien Wohlfahrtsverbänden untergebracht sind.[57]

---

[53] Vgl. Anheier et al. (2002), S. 22.
[54] Vgl. ebenda, S. 22.
[55] Vgl. ebenda, S. 22.
[56] Vgl. ebenda, S. 22 f..
[57] Vgl. ebenda, S. 23.

3.2.2 Finanzierung und Förderung

Die Finanzierung von Hilfsorganisationen ist mit einem dominierenden Anteil von Spendeneinnahmen geprägt. Wegen ihres Unternehmenszweckes stellt die Gewinnerzielung keine Finanzquelle für Hilfsorganisationen dar. Typischerweise generiert die Hilfsorganisation keinerlei Gewinne, sondern investiert die ihr in erster Linie gespendeten Mittel ohne Erwartung einer Gegenleistung.

Die nun dargestellte Tabelle ist das Ergebnis einer kurzen empirischen Studie anhand fünf zufällig ausgewählter Hilfsorganisationen. Sie zielt auf die Aspekte Finanzierung und Förderung ab.

In T€	DRK[58]	Brot für die Welt[59]	unicef[60]	Welthungerhilfe[61]	World Vision[62]
Summe Mittelherkunft	105,6	73,1	92,5	212,3	86,0
Davon Spenden	75,4	62,1	69,9	76,2	68,6
(in %)	(71,4%)	(85,0%)	(76,0%)	(35,9%)	(80,0%)
Summe Mittelverwendung	97,7	76,5	92,5	182,4	86,0
Davon reine Projektausgaben	89,1	58,3	75,5	152,3	73,3
(in %)	(91,2%)	(76,2%)	(81,6%)	(83,5%)	(85,0%)

Tabelle 2: Mittelherkunft und Mittelverwendung;
Quelle: Eigene Darstellung, Daten siehe Fußnoten.

Es ist erkennbar, dass die Hilfsorganisationen bei unterschiedlichen absoluten Höhen der Mittelherkunft ihre Einnahmen überwiegend aus Spenden beziehen. Alle weisen in ihren Jahresberichten darauf hin, dass die Zahl in diesem Zeitraum besonders hoch war. Dies wird auf die hohe Spendenbereitschaft durch die Erdbebenkatastrophe auf Haiti und die Flutkatastrophe in Pakistan zurück geführt.

Weitere Einnahmequellen sind erwirtschaftete Zinsen, Nachlässe, Bußgelder oder, wie im Fall von der Welthungerhilfe mit rd. 131,7 Mio. EUR sehr großvolumig, so genannte zweckgebundene öffentliche Zuwendungen. Hierzu zählen

---

[58] Daten dieser Spalte entnommen aus: DRK (2011), S. 39, 60.
[59] Daten dieser Spalte entnommen aus: Brot für die Welt (2011), S. 38.
[60] Daten dieser Spalte entnommen aus: unicef (2011), S. 43.
[61] Daten dieser Spalte entnommen aus: Welthungerhilfe (2011), S. 31.
[62] Daten dieser Spalte entnommen aus: World Vision (2011), S. 35 ff..

in erster Linie das Auswärtige Amt (AA), das Bundesministerium des Innern (BMI), das Bundesministerium für wirtschaftliche Zusammenarbeit und Entwicklung (BMZ) sowie die Europäische Union (EU). Insbesondere das BMI und BMZ heben als Zuwendungsgeber hervor, dass Hilfsorganisationen zwischen Staat und Markt agieren. Ohne die Zuwendungen von öffentlicher Stelle wären vielen Projekte laut der Jahresberichte nicht in der Form möglich, wie sie durchgeführt werden.

Daher bleibt das hohe Spendenaufkommen die dominierende Finanzierungsquelle von Hilfsorganisationen. Die Bilanzen der betrachteten Hilfsorganisationen zeigen dabei folgende Gemeinsamkeiten:

- Die Aktivseite ist beprägt von Finanzanlagen des Umlaufvermögens, Wertpapiere des Umlaufvermögens und Kasse (im größten Verhältnis zur Bilanzsumme).
- Die Passivseite mit der Position „noch nicht verwendete, aber zugesicherte Projektverpflichtungen".

Es sind keine nennenswerten Rücklagen und nur geringfügige langfristige Verbindlichkeiten zu finden. Dabei werden eingenommenen Mittel kurzfristig angelegt oder als Guthaben bei Banken unterhalten und unverzüglich in die Projekte investiert.

Des Weiteren zeigt die Tabelle, dass Hilfsorganisationen in der Regel die ihr zur Verfügung gestellten Mittel vollständig verwenden. Somit ist in dieser Stichprobe empirisch darstellbar, dass keine Gewinnerzielungsabsichten bestehen und die Mittel vollständig dem Unternehmenszweck zukommen. Nur die DRK und die Welthungerhilfe erwirtschaften im Betrachtungszeitraum Überschüssen, die nach Angabe in den Jahresberichten den Rücklagen zugewendet werden. Letztlich wurde beleuchtet, dass zwischen rd. 76% und bis zu rd. 91% der Mittelverwendung als reine Projektausgaben verbucht werden konnte. Die verbleibenden Aufwandspositionen decken in der Regel Personalkosten, Abschreibungen, Werbung oder Verwaltung.

Die betrachteten Jahresberichte verweisen alle mehr oder weniger auf die gleichen Risiken, mit denen sie im Rahmen der Finanzierung und Förderung ausgesetzt sind. Alle betrachteten Hilfsorganisationen werden fast ausschließlich durch private Spenden finanziert. Dem entsprechend beeinflusst die jeweilige wirtschaftliche Lage in Deutschland das Einnahmeergebnis. Weiterhin herrscht auch auf dem Markt von Hilfsorganisationen Konkurrenz und angesichts knapper Kassen bei Bund und Ländern entstehen laufend neue Organisationen, die in erster Linie lokale und regionale Interessen vertreten.[63]

3.2.3 Beschäftigung und Wachstum

Die Tabelle gibt das Beschäftigungsverhältnis der jeweiligen Hilfsorganisation wieder und setzt den aufgewendeten Personalaufwand ins Verhältnis zur gesamten Mittelverwendung.

	DRK[64]	Brot für die Welt[65]	unicef[66]	Welthungerhilfe[67]	world vision[68]
Anzahl hauptamtliche Mitarbeiter	556	187	96	371	136
Davon Vollzeitbeschäftigte	o. A.	138	o. A.	o. A.	o. A.
Personalaufwand in T€ (in %)	25,3 (25,9%)	12,4[69] (16,0%)	5,7 (6,2%)	23,0 (12,6%)	7,2 (8,4%)

Tabelle 3: Beschäftigungszahlen;
Quelle: Eigene Darstellung, Daten siehe Fußnoten.

Die gewählte Form der Darstellung mittels einer Tabelle soll verdeutlichen, dass eine Vielzahl von Mitarbeitern notwendig ist, um den Geschäftszweck einer international tätigen Hilfsorganisation in die Praxis umzusetzen. Hierzu verfügen die Hilfsorganisationen neben den hier aufgeführten hauptamtlichen Mitarbeitern noch viele Tausende freiwillige und ehrenamtliche Helfer. In Medien wird der Job bei einer Hilfsorganisation im Kontext als anspruchsvoll bezeichnet und es ist ein Job für Hochqualifizierte.[70]

---

[63] Vgl. Brot für die Welt (2011), S. 53.
[64] Daten dieser Spalte entnommen aus: DRK (2011), S. 60 f..
[65] Daten dieser Spalte entnommen aus: Brot für die Welt (2011), S. 38, 48.
[66] Daten dieser Spalte entnommen aus: unicef (2011), S. 43, 45.
[67] Daten dieser Spalte entnommen aus: Welthungerhilfe (2011), S. 31 f..
[68] Daten dieser Spalte entnommen aus: World Vision (2011), S. 38 f..
[69] Verwaltung, Projektbegleitung und Öffentlichkeitsarbeit.
[70] Vgl. Ustorf (2011), S. 3.

Weiterhin soll aufgezeigt werden, wie unterschiedlich die Gewichtung von Personalaufwand zu der Summe der gesamten Mittelverwendung ausfällt. Dies ist meist eine Darstellungsform der Hilfsorganisationen und nicht trennscharf in einer möglichen Analyse der Zahlen.

Alle Hilfsorganisationen veröffentlichen Prognoserechnungen für das folgende Geschäftsjahr in ihren jeweiligen Jahresberichten. Hierbei planen alle das Erreichen der Vorjahresergebnisse und keiner der Beteiligten zielt auf ein nennenswertes Wachstum der Einnahmen. Hierbei wird deutlich, wie schwer es für diese Organisationen ist, mit Planungen zu arbeiten oder gar Wachstum zu prognostizieren.

4 Hilfsorganisationen und Controlling

Im vorangegangenen Kapitel wurden Hilfsorganisationen im Zusammenhang dargestellt und deren wirtschaftliche Bedeutung herausgestellt. Im nun folgenden Kapitel wird die Brücke geschlagen, zwischen den wirtschaftlich tätigen Hilfsorganisationen und der Notwendigkeit eines gut implementierten Controllings.

Bei Mitarbeitern von Hilfsorganisationen herrscht zum Teil wenig Verständnis für betriebswirtschaftliche Instrumente des Controllings. Diese Skepsis baut auf dem Missverständnis auf, Controlling verfolge ausschließlich gewinnorientierte Ziele.[71] Aber die zunehmende Komplexität und Dynamik im Wirtschaftsleben macht Controlling gerade im Bezug auf eine Entlastung der Führungskräfte notwendig. Ziele werden nach wie vor vom Management formuliert. Das Controlling unterstützt es auf dem Weg, diese Ziele zu erreichen. Controlling steht also nicht im Widerspruch mit humanitären Zielen, sondern ermöglicht es, die gemeinsamen Ziele zu realisieren.

4.1 Ziele des Controllings

Grundsätzlich sind die Ziele des Controllings in Hilfsorganisationen in weiten Bereichen vergleichbar mit denen rein gewinnorientierter Unternehmen. Dazu zählen die Aufgabe der Erfolgskontrolle und der Erfolgssicherung. Andererseits auch die Kostenkontrolle sowie die Einhaltung von Kostenbudgets.[72]

Die obersten Leitungsorgane sind unter Zuhilfenahme adäquater Instrumente mit den aktuellsten notwendigen Informationen als Entscheidungsgrundlage zu versorgen.

Detaillierte Ziele sind beispielsweise:

- Bessere Effizienz durch Verbesserung der Kostentransparenz
- Lenkung auf Zielbewusstsein
- Koordination der Informationskanäle formal und informal.[73]

---

[71] Vgl. Bono (2006), S. 15.
[72] Vgl. Schwarz (2005), S. 228.
[73] Vgl. Eschenbach/Horak (2002), S. 397.

Der Weg zur Erreichung dieser Ziele unterscheidet sich je nach Institution und bei der Verwendung der unterschiedlichen Controlling-Instrumente.

Das Controlling von Hilfsorganisationen ist durch qualitative Ziele und somit Steuerungsgrößen beprägt. Hierzu zählen beispielsweise Sinnstiftung, Wertverdeutlichung, Rechtsverwirklichung und Bedarfsdeckung.[74]

4.2 Vorraussetzungen für Controlling

Folgende Voraussetzungen sind für ein erfolgreich funktionierendes Controlling in Hilfsorganisationen allgemeingültig:

- Mindestmaß an Managementfähigkeit:
  Beschreibt die Notwendigkeit, dass ein bestimmtes Maß an Know-how in Bezug auf Controlling durch die Verantwortlichen vorhanden sein muss.[75]

- Akzeptanz durch die internen und externen Interessensgruppen:
  Beschreibt die Notwendigkeit einer wertfreien Diskussion über die Effizienz von Controlling. Hier besteht noch die Kontroverse zwischen der unbürokratischen controllingorientierten Führung und der eher bürokratischen Führung durch eine dezentrale Führungsstruktur der Hilfsorganisationen. Um erfolgreich mit Controlling zu sein, sind hier noch Überwindungen notwendig.[76]

- Arbeiten mit zielgerichteten Controlling-Instrumenten:
  Bedeutet bereits funktionierendes Rechnungswesen mit doppelter Buchführung, Zuverlässigkeit und Genauigkeit. Kosten- und Leistungsrechnung muss in der Lage sein, Transparenz zu schaffen und die Leistungsrechnung benötigt entsprechende Leistungserfassung, wie beispielsweise die Erfassung von Spendengeldern.[77]

---

[74] Vgl. Schwien (2009), S. 7.
[75] Vgl. Eschenbach/Horak (2002), S. 397.
[76] Vgl. Horak (1995), S. 247.
[77] Vgl. Eschenbach/Horak (2002), S. 398.

- Organisationsstrukturen, die dem Controlling gerecht werden:
  Beschreibt den Aufbau einer Hilfsorganisation. Hier sind einfache, flexible und flache Organisationsstrukturen notwendig.[78]

- Mindestgröße der Hilfsorganisation:
  Grundsätzlich ist Controlling als so genannte Denkhaltung in jeder noch so kleinen Organisation darstellbar. Die Formalisierung, wie die Implementierung einer Controllingabteilung, ist erst ab einer bestimmten Größenordnung sinnvoll und empfehlenswert.[79]

Die Wahrscheinlichkeit einer erfolgreichen Einführung und Umsetzung des Controllings ist gewährleistet, wenn die hier aufgeführten Voraussetzungen erfüllt sind.

4.3 Besonderheiten des Controllings

Die Besonderheiten des Controllings liegen zum einen in einer Planung. Hierbei sind beispielsweise interne Strukturen ein Einflussfaktor. Es ist generell zu klären, ob das Controlling oder der Vorstand die Planung gestalten soll.
Die unternehmensinternen Ziele und Standards weichen zudem je nach Hilfsorganisation voneinander ab und können sehr unterschiedliche Ausrichtungen haben.[80]
Letztlich beeinflussen die Unkalkulierbarkeit der Einnahmen wie Spenden oder öffentliche Gelder die Planung.
Controlling hat die Besonderheit zu meistern, die Komplexität der Organisation zu bewältigen. Das Zielbewusstsein zu erhöhen, für Kostentransparenz zu sorgen und umfangreiche Koordinationsarbeit zu betreiben. Gerade die Koordinationsfunktion ist in Hilfsorganisationen eine besondere Herausforderung, da eine Vielzahl von Interaktionen zwischen den unterschiedlichen Ebenen der Organisation sowie der beteiligten Anspruchsgruppen notwendig ist.

---

[78] Vgl. Horak (1995), S. 247.
[79] Vgl. Eschenbach/Horak (2002), S. 398.
[80] Vgl. Eschenbach/Horak (2002), S. 399.

Eine weitere Besonderheit bildet die Informationsfunktion des Controllings. Gerade die Notwendigkeit externe Anspruchsgruppen einzubeziehen und transparent zu informieren, hat bei Hilfsorganisationen an Bedeutung zugenommen.[81] Konkret hat im Zuge von Missbrauchsvorwürfen die Verwendung von Spendengeldern die Diskussion über die Informationspflicht zusätzlich angeheizt.[82]

4.4 Klassische Controlling-Instrumente

Das operative Controlling verfügt über einige Standardsysteme, die im Folgenden kurz vorgestellt und in den Kontext des Controllings in Hilfsorganisationen gesetzt werden. Hierbei wird aus Kapazitätsgründen darauf verzichtet, die einzelnen Instrumente im Detail zu erläutern.

Eine Voraussetzung für das Herausfiltern von controllinggerechten Informationen bilden die Finanzbuchhaltung und das Personalinformationssystem.

4.4.1 Kosten- und Leistungsrechnung

Zu den wichtigsten Instrumenten des operativen Controllings zählt die Kosten- und Leistungsrechnung. In deren Mittelpunkt stehen der Leistungserstellungsprozess und dessen Wirtschaftlichkeit. Ihr Hauptgegenstand sind die detaillierte Ermittlung, Prognose und Kontrolle des bewerteten Güterverbrauchs und der bewerteten Güterausbringung bei der Leistungserstellung. Dies ist eine einzigartige Aufgabe und leistet kein anderes Verfahren des Rechnungswesens.[83]

Ohne eine zweckmäßig ausgestaltete Kosten- und Leistungsrechnung sind Verantwortliche nicht in der Lage, betriebswirtschaftlich begründete Entscheidungen bei Preisbildung, Investition oder Wirtschaftlichkeitsuntersuchungen zu treffen. Sie ermöglicht eine Zuordnung von Kosten und Leistungen zu Produkten und Dienstleistungen und den Verantwortungsbereichen. Die Kosten- und Leistungsrechnung erhält wertvolle Informationen zur Entscheidungsgrundlage und unterstützt somit die Steuerung der Organisation.[84]

In Bezug auf die Leistungsrechnung ist auf im Ausland tätige Mitarbeiter von Hilfsorganisationen besondere Rücksicht zu nehmen. Die Leistungserfassung in Form von Arbeitszeitaufschreibungen bringt gerade bei diesem Mitarbeitern

---

[81] Vgl. Dittmer/Kopf (2011), S. 55.
[82] Vgl. Schruff/Busse (2011), S. 83 ff..
[83] Vgl. Horvàth (2011), S. 408.
[84] Vgl. Furtmüller (2003), S. 230.

erhebliche Widerstände mit sich.[85] In der Kostenrechnung stellt sich aufgrund des Charakters eines Dienstleistungsbetriebes die Frage, ob die Erfassung von variablen Kosten notwendig ist.

Die zentrale Aufgabe der Kostenrechnung bei Hilfsorganisationen ist die Kalkulation von Leistungsstunden im Rahmen der Kostenträgerrechnung.[86]

4.4.2 Budgetierung

Controlling hat in diesem Kernbereich die Aufgabe, die Instrumente und die Ablauforganisation für die kurzfristige, oftmals maximal für ein Jahr beschränkte, Unternehmensplanung zu entwickeln. Diese Planung muss fortlaufend gesteuert und koordiniert werden. Einzelne Teilpläne müssen miteinander koordiniert und ineinander integriert werden. Hier liegt die Besonderheit bei der Budgetierung von Hilfsorganisationen. Erlöse sind nur schwer budgetierbar, da sie fremdbestimmt sind und der Zeitpunkt des Eingangs nicht genau vorhersehbar ist. Dementsprechend wichtig für Hilfsorganisationen ist die Liquiditätsplanung im Rahmen der Budgetierung.[87]

Aus diesem Grund werden in einigen Organisationen sukzessive andere Budgetierungsmethoden, wie zum Beispiel das Target Costing, ergänzt. „Die Grundidee dieser Zielkostenrechnung ist einfach. Die vom Markt ‚erlaubten' Kosten werden vom erzielbaren Verkaufspreis per Subtraktion des aufgrund der Planung definierten Gewinns ermittelt. Den ‚erlaubten' Kosten werden die prognostizierten Standardkosten des neuen Produktes gegenübergestellt. Die sich ergebende Differenz weist auf die notwendigen Kostensenkungen in der Produktionsentwicklungsphase hin".[88] Hilfsorganisationen ist es so möglich, Kostenobergrenzen zu bestimmen und an der möglichen Reduzierung dieser kontinuierlich zu arbeiten.

In Hilfsorganisationen werden aber auch nichtmonetäre Größen, wie beispielsweise Mitgliederzahlen, Nennungen in Medien oder die Anzahl der ehrenamtlichen Mitglieder im Rahmen der Budgetierung berücksichtigt.

---

[85] Vgl. Eschenbach/Horak (2002), S. 401.
[86] Vgl. Eschenbach/Horak (2002), S. 401.
[87] Vgl. ebenda, S. 401.
[88] Horvàth (2011), S. 473.

Die Zusammenstellung aller monetären und nichtmonetären Größen im Rahmen eines Gesamtbudgets verhilft zu wertvollen Koordinations- und Abstimmungsarbeiten zwischen den beteiligten Bereichen einer Hilfsorganisation.[89]

4.4.3 Berichtswesen

Um verständlich und empfängerorientiert berichten zu können, sollten in einem Berichtswesen reine Zahlen spärlich vertreten sein. In Hilfsorganisationen spielen zudem qualitative Aspekte beim Berichtswesen eine immer größer werdende Rolle. Controlling erweitert hier seinen Horizont weg von der reinen Zahlenbetrachtung hin zur qualitativen Unterstützung der Entscheidungsträger.[90] Controlling ist für die Konzeption der notwendigen Instrumente und Prozesse verantwortlich. Moderne EDV-Systeme unterstützen die praktische Umsetzung und Veranschaulichung der Ergebnisse.

Letztendlich wird die Qualität des Berichtswesens durch die Entscheidungsträger beurteilt. Hiernach richtet es sich, ob und wie sie die in der Organisation vorhandenen Informationen für sich nutzen. Ein aussagekräftiges Berichtswesen muss daher folgende Anforderungen erfüllen, um seiner Aufgabe gerecht zu werden:

- Handlungsorientierung:
  Berichtswesen sollen Entscheidungsträger in die Lage versetzen, Entscheidungen zu treffen. Gerade der hohe Anteil an qualitativen Zielen in Hilfsorganisationen müssen hier mit aufgenommen werden. Ein reines Heranziehen von Informationen aus dem Rechnungswesen ist zu kurzsichtig.[91]

- Überprüfbarkeit und Nachvollziehbarkeit:
  Beide Faktoren sind wesentliche Voraussetzung für die Akzeptanz des Berichtswesens und der darin enthaltenen Informationen bei den Entscheidungsträgern. Hierfür ist es notwendig, komplexe Sachverhalte möglichst vollständig, aber komprimiert und vereinfacht darzustellen.[92]

---

[89] Vgl. Furtmüller (2003), S. 251.
[90] Vgl. Eschenbach/Horak (2002), S. 402.
[91] Vgl. Bono (2006), S. 186.
[92] Vgl. Bono (2006), S. 185.

- Zuverlässigkeit und Aktualität:

  Berichte sollten bis ins Detail genau und zugleich auf dem neuesten Stand sein. In Bezug auf die zeitliche Nähe besteht in der Praxis oft ein Konflikt und gewisse zeitliche Begrenzungen sind notwendig. Beispielsweise können Qualitätszahlen für den abgelaufenen Monat noch nicht am ersten Tag des Folgemonats zur Verfügung stehen.[93]

- Konsistenz:

  Einmal verwendete Begriffe sind einheitlich zu verwenden. Da in der Praxis oftmals mit sehr heterogenen Systemen gearbeitet wird, ist es erstrebenswert ein Glossar einzuführen.[94]

- Objektivität:

  Informationen und Kommentare sollten als solche klar erkennbar und getrennt voneinander im Berichtswesen enthalten sein. Entscheidungsträger

  sollen frei von Interessendarstellungen Entschlüsse treffen können. Beschönigungen oder widersprüchliche Äußerungen sind hinderlich und werden den eigentlichen Aufgaben von Controlling nicht gerecht.[95]

- Benutzerfreundlichkeit:

  Verständlichkeit und Akzeptanz werden dadurch erhöht, dass Berichte nach den Anforderungen der jeweiligen Empfänger ausgerichtet sind. Graphische Elemente laden beispielsweise zum Lesen des ganzen Berichts ein.[96]

- Termintreue:

  Entscheidungsträger müssen sich auf das pünktliche Erscheinen von Berichten verlassen können. Sie sollen zu den vereinbarten Terminen entsprechend mit Informationen versorgt werden.[97]

---

[93] Vgl. Furtmüller (2003), S. 292 f..
[94] Vgl. Bono (2006), S. 185.
[95] Vgl. Furtmüller (2003), S. 293.
[96] Vgl. Bono (2006), S. 186.
[97] Vgl. Furtmüller (2003), S. 293.

- Wirtschaftlichkeit:

  Die Entscheidungsverantwortlichen dürfen mit Informationen weder über-
  frachtet noch unterversorgt werden. Umfang, Details und Zügigkeit der
  Berichterstellung sowie der Berichtinhalte müssen eine positive Kosten-
  Nutzen-Relation aufweisen.[98]

4.4.4 Soll-Ist-Vergleiche

Der Soll-Ist-Vergleich bildet das Kernstück des operativen Controllingsystems.
Es kann kurzfristig orientiert alleine auf Basis der Informationen des Rechnungswesens erfolgen.[99] Im Rahmen der Planung werden Soll-Werte definiert.
Diese werden mit den tatsächlichen Ist-Werten verglichen, zeitnah analysiert
und für die Entscheidungsträger aufbereitet. Diese verabschieden auf dieser
Basis entsprechende Korrekturmaßnahmen. Der Soll-Ist-Vergleich muss daher
unterjährig, meist monatlich oder quartalsweise erstellt werden. Zum Zwecke
einer Vergleichbarkeit werden diese Vergleiche in Form von Kennzahlen dargestellt. Controlling entwickelt daraufhin ein entsprechendes Kennzahlensystem.[100]
Die Untersuchung von Abweichungen bildet die Grundlage für die Entwicklung
von Gegensteuerungsmaßnahmen.

Im Rahmen von Erwartungsrechnungen wird ebenfalls Bezug auf zukünftige
Auswirkungen genommen. Hierbei werden aktuelle Entwicklungen, auf den
Planungszeitraum hochgerechnet, berücksichtigt.[101]

4.4.5 Benchmarking

Benchmarking beschreibt den systematischen und kontinuierlichen Vergleichs-
prozess von Unternehmen mit denen fremder Unternehmen. Es werden Maßstäbe in qualitativer sowie quantitativer Hinsicht miteinander verglichen.[102]
Durch die Gegenüberstellung von eigenen Kennzahlen zu denen anderer Hilfsorganisationen, können Erkenntnisse über die eigenen Stärken und Schwächen
gewonnen werden. Der Vergleich zu den „Klassenbesten" zeigt Anhaltspunkte

---

[98] Vgl. ebenda, S. 293.
[99] Vgl. Horvàth et al. (2011), S. 172.
[100] Vgl. Brühl (2012), S. 25.
[101] Vgl. Macharzina/Wolf (2010), S. 423.
[102] Vgl. Vollmuth (2003), S. 245 f..

zur Weiterentwicklung der eigenen Organisation auf.[103] Somit ist die Grundidee des Benchmarking einfach darzustellen: Lernen von den Besten, aus deren Erfahrungen und Wissen Maßnahmen zur Optimierung für das eigene Vorgehen ableiten.

Von den Besten zu lernen bedingt die Offenheit, über die Grenzen der eigenen Branche zu schauen. Unabhängig von der Tätigkeit der Organisationen stehen Vorbildunternehmen im Mittelpunkt. Dies ist in der Praxis mit dem Vorteil verbunden, dass neues Know-how in die Branche eingebracht wird, welches bei einer reinen Konkurrenzanalyse wohl nicht genutzt würde. Beim Benchmarking werden daher nicht nur Kosten betrachtet. Prozesse und Anwendungsmethoden werden zum Vergleich herangezogen. Hierbei werden Impulse für eine ständige Weiterentwicklung des Unternehmens gesetzt.[104]

Dieses Vorgehen erfordert andererseits Disziplin. Es besteht die Gefahr, sich nicht mit den Besten vergleichen zu wollen, sondern mit mittelmäßigen Organisationen. Um die ggf. bestehenden eigenen Entwicklungspotenziale trennschärfer herauszuarbeiten, empfiehlt es sich, tatsächlich die hervorragenden Unternehmen als Messlatte zu verwenden. Weiterhin hat sich in der Praxis bewährt, nicht immer nur Ausschau nach den besten Lösungen (best practice) zu halten. Auch die guten Lösungen (good practice) werden positive Veränderungen mit sich bringen, wenn die Umstände keinen anderen Weg zulassen.[105]

---

[103] Vgl. Eschenbach/Horak (2002), S. 402.
[104] Vgl. Horvàth et al. (2009), S. 323.
[105] Vgl. Bono (2006), S. 159 f..

5 Das System Balanced Scorecard

Das Konzept der BSC ist zu Beginn der 90er Jahre durch Robert S. Kaplan, Professor der Harvard Business School und David P. Norton, Berater bei KPMG an der Harvard-Universität entwickelt worden.

Die BSC ist ein Kennzahlensystem, das durch seinen spezifischen Aufbau von vier gleichwertigen Perspektiven ein ausgewogenes (balanced) Bild einer Strategie erlaubt und gleichzeitig zur Implementierung derselben dient.[106]

Es soll die Aktivitäten einer Organisation im Hinblick auf deren Vision und Strategie messen, dokumentieren und steuern.[107]

Das folgende Kapitel dient zur Vorstellung der Konzeption BSC. Dabei wird der SBSC als potenzielles Steuerungsmodell von Nachhaltigkeit im Rahmen der BSC besondere Bedeutung beigemessen. Es werden aktuelle Steuerungsmöglichkeiten von Nachhaltigkeit im Rahmen der SBSC vorgestellt. Im Zuge der Vorstellungen wird immer wieder der Bezug zu Hilfsorganisationen hergestellt.

5.1 Von Kennzahlen zum Performance Measurement

Das so genannte Performance Measurement beschreibt die mehrdimensionale Leistungsmessung, mit deren Hilfe die Zielerreichung kontrolliert und analysiert werden soll. Der Begriff deckt sich teilweise mit dem Begriff Kennzahlensystem, wo sich sein Ursprung herleiten lässt.[108]

Das Controlling beschäftigt sich klassisch mit Kennzahlen und Kennzahlensystemen und etablierte in diesem Zusammenhang eine Reihe von Controllinginstrumenten, die in dieser Arbeit im vorangegangenen Kapitel auszugsweise vorgestellt wurden. Im Mittelpunkt der Betrachtung liegen jedoch historisch monetäre Ziele sowie finanzwirtschaftliche Zielkomponenten. Dabei wird von Kennzahlen und Kennzahlensystemen verlangt, dass sie sich für die Zwecke der Planung, Steuerung und Kontrolle eignen.[109] Kennzahlen sollen Entscheidungsträgern wesentliche Ziele des Unternehmens näher bringen, deshalb steht der Aufbau eines Zielsystems im Vordergrund.

---

[106] Vgl. Haddad (2003), S. 59.
[107] Vgl. Müller (2009), S. 335.
[108] Vgl. Gleich (2001), S. 34.
[109] Vgl. Gladen (2005), S. 24.

Performance Measurement bezieht sich aber gerade aus diesem Grunde nicht nur auf monetäre Zielgrößen, da für viele Unternehmen auch nichtmonetäre Ziele wie Mitarbeiterzufriedenheit im Vordergrund stehen. Mit dem Begriff Performance Measurement sind in den vergangenen Jahren neue Messgrößen und Messkonzepte entworfen worden. Dabei befasst sich das Konzept neben der klassischen Planung und Kontrolle ebenfalls mit der organisatorischen und prozessualen Informationsversorgung im Unternehmen.[110] Demzufolge bestehen zwischen einem System des Performance Measurement und einem klassischen Kennzahlensystem folgende erhebliche Unterschiede:

Traditionelle Kennzahlensysteme	Performance Measurement
• Monetäre Ausrichtung (vergangenheitsorientiert)	• Kundenausrichtung (zukunftsorientiert)
• Begrenzt flexibel; ein System deckt interne und externe Informationsinteressen ab	• Aus den operativen Steuerungserfordernissen abgeleitete hohe Flexibilität
• Einsatz primär zur Überprüfung des Erreichungsgrades finanzieller Ziele	• Überprüfung des Strategieumsetzungsgrades; Impulsgeber zur weiteren Prozessverbesserung
• Kostenreduzierung	• Leistungsverbesserung
• Vertikale Berichtstruktur	• Horizontale Berichtsstruktur
• Fragmentiert	• Integriert
• Kosten, Ergebnisse und Qualität werden isoliert bewertet	• Qualität, Auslieferung, Zeit und Kosten werden simultan bewertet
• Unzureichende Abweichungsanalyse	• Abweichungen werden direkt zugeordnet (Bereich, Person)
• individuelle Leistungsanreize	• Team-/Gruppenbezogene Leistungsanreize
• individuelles Lernen	• Lernen der gesamten Organisation

Tabelle 4: Traditionelle Kennzahlensysteme versus Performance Measurement;
Quelle: Eigene Darstellung in Anlehnung an Müller (2009,) S. 328.

---

[110] Vgl. Horvàth (2011), S. 558.

Quantitative Ziele haben insgesamt drei Vorteile, die zunehmend als wichtig angesehen werden[111]:

- Verbesserte Kommunikation im Unternehmen durch bessere Verständlichkeit
- Schnellere Verarbeitung durch die Mitarbeiter, da weniger komplex
- Dienen als Frühindikatoren für den Erfolg von Unternehmen.[112]

Nachteilig an diesen Aspekten ist, dass verschiedene Mengen- und Zeitgrößen nicht miteinander aggregiert werden können.

Oft diskutierte Nachteile der monetären Zielgrößen sind ihre Vergangenheitsorientierung, die kurzfristige Orientierung der Kennzahlen ohne Berücksichtigung strategischer Erfolgspotenziale sowie ihre Eigenschaft als Spätindikatoren. Zahlen aus dem Rechnungswesen können erst auftreten, wenn sie tatsächlich stattgefunden haben (Bsp.: Einzahlung entstehen, wenn Kunden seine Verbindlichkeit begleicht).[113]

Ein zunehmend immer weiter an Bedeutung zunehmendes Beispiel für ein Performance Measurement-Konzept, welches eine Mischung aus monetären und nichtmonetären Zielen miteinander vereinbart, ist die BSC von Kaplan und Norton. Hierbei spielen finanzielle Ziele weiterhin die dominierende Rolle.

5.2 Strategieumsetzung mit der Balanced Scorecard

Der Begriff der Strategie hatte seine Geburtstunde in den 1960er Jahren, wo sich die Wirtschaft international rasant entwickelte und alle Unternehmen positiv in die Zukunft blickten. Igor Ansoff entwickelte zu dieser Zeit das Schema der Wachstumsstrategien, was die Unternehmen der damaligen Zeit dominierend beschäftigte.[114]

Im Verdrängungswettbewerb zu Beginn der 1980er Jahre, stellte der amerikanische Strategieforscher Michael Porter die Wettbewerbsstrategie-Typen vor. Im Groben unterschied er zwischen Kostenführern und Qualitätsführern.

---

[111] Vgl. Weber/Schäffer (2000), S. 166 ff..
[112] Vgl. Brühl (2012), S. 434.
[113] Vgl. Brühl (2012), S. 434 f..
[114] Vgl. Preißner (2011), S. 7.

Die Probleme von Strategien sind symptomatisch: Strategien müssen umgesetzt werden, und zwar systematisch.

„Die Umsetzung der Strategie in operative Pläne gehört zu den wichtigsten Fähigkeiten eines Unternehmens, um im Wettbewerb bestehen zu können. Die BSC ist ein Instrument, das diese Lücke zwischen der Entwicklung und Formulierung einer Strategie und ihrer Umsetzung schließen will."[115] Diese Lücke ist das Hauptproblem, warum Strategien nicht erfolgreich und zeitgerecht umgesetzt werden. Vor dem Hintergrund sich immer schneller verändernder Unternehmensumwelt darf hier keine Zeit zur Strategieumsetzung verloren gehen.[116] Das Konzept der BSC sieht sich nicht ausschließlich als Lieferant von Informationen, sondern wird insbesondere zur Kommunikation der Strategie und ihrer Ziele eingesetzt. Die Erfinder der BSC, Kaplan und Norton, vermuten, dass viele Führungskräfte nur unzureichend die Kommunikation der unternehmensinternen strategische Visionen und Ziele vorantreiben.[117] Es ist ein Trugschluss anzunehmen, dass Kommunikation zwischen Führungskräften das Kommunikationsproblem innerhalb des Unternehmens lösen wird.

Die BSC soll als strategisches Managementsystem in innovativen Unternehmen genutzt werden, um die Unternehmensstrategie langfristig zu verfolgen.[118]

---

[115] Horváth (2011), S. 232.
[116] Vgl. Horvàth et al. (2012), S. 272.
[117] Vgl. Müller (2002), S. 195.
[118] Vgl. Hensberg (2011), S. 40.

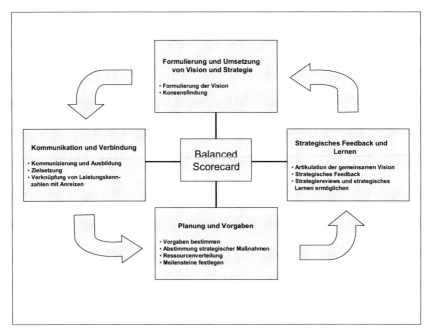

Abbildung 5: Die BSC als strategischer Handlungsrahmen;
Quelle: Eigene Darstellung in Anlehnung an Kaplan/Norton (1997), S. 10.

In Anlehnung an die Abbildung von Kaplan/Norton dient die BSC zur Bewältigung folgender kritischer Managementprozesse:

- Klärung und Einigkeit über die Vision und Strategie des Unternehmens
- Kommunikation von Vision und Strategie im Unternehmen
- Modifikation von abteilungsspezifischen und persönlichen Zielen an Visi-
  on und Strategie
- Verbindung strategischer, langfristiger Ziele und Jahresbudgets
- Identifikation und Verbindung strategischer Initiativen
- Durchführung von periodischen und systematischen Strategie-
  Überprüfungen
- Feedback und Lernen über Optimierungsalternativen der Strategie.[119]

Die BSC füllt also die Lücke, die bei einigen Managementsystemen herrscht:
Prozesse zur Durchführung und Rückkopplung der Unternehmensstrategie. Mit

---

[119] Vgl. Horvàth (2011), S. 232 f..

der BSC gelingt es Organisationen, ihre Managementprozesse immer wieder an die Strategie anzupassen und sie zu verfolgen.[120] Über diesen Weg wird die BSC zur Grundlage der Unternehmensführung.[121]

5.3 Die verschiedenen Perspektiven der Balanced Scorecard

Entscheidendes Merkmal der BSC ist die Ausgewogenheit des Konzeptes, da die Leistung des Unternehmens aus vier unterschiedlichen Perspektiven betrachtet wird.[122] Sie bilden den Rahmen um die BSC, der finanzielle Kennzahlen mit bislang nicht zur Messung herangezogenen nichtmonetären Kennzahlen miteinander vereint.

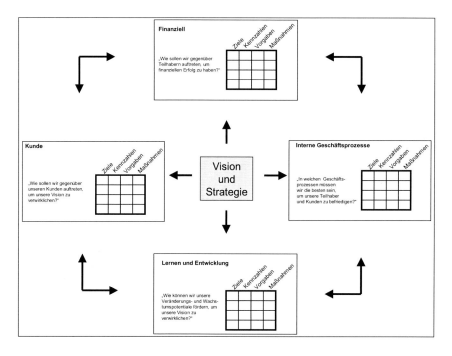

Abbildung 6: Die BSC bildet den Rahmen zur Umsetzung einer Strategie in operative Größen; Quelle: Eigene Darstellung in Anlehnung an Kaplan/Norton (1997), S. 9.

---

[120] Vgl. Arnold (2005), S. 134.
[121] Vgl. Kaplan/Norton (1997), S. 19.
[122] Vgl. ebenda, S. 10.

Im Folgenden werden die vier verschiedenen Perspektiven der BSC kurz skizziert und für jede Perspektive die entsprechenden Kennzahlen aufgezeigt.

5.3.1 Die finanzwirtschaftliche Perspektive

In diesem Bereich werden die finanziellen Ziele einer Organisation identifiziert. Dieses Ziel gilt trotz seiner Kritik von Kaplan und Norton als Oberziel dieses Kennzahlensystems. Dies deckt sich mit den Einschätzungen von Managern über die Bedeutung von Finanzkennzahlen in Bezug auf die BSC.[123]

Ganz allgemein ist es schwierig, die vermeidlich „richtigen" Kennzahlen aus der Fülle der Finanzkennzahlen herauszufiltern. In der Finanzierungswirtschaft gilt das allseits akzeptierte Finanzierungsdreieck:

- Rentabilität messen: Umsatzrentabilität, Eigenkapitalrentabilität, Ergebnisrentabilität
- Liquidität messen: Cash-Flow-Kennzahlen
- Sicherheit erfassen: Bemessung von Ausfallwahrscheinlichkeiten und so genannte Risk-Szenarien.[124]

Finanzwirtschaftliche Zahlen können je nach Lebensphase eines Unternehmens wie Wachstum, Reife oder Ernte (Sättigung) ganz unterschiedlich sein.[125] Anbei einige aus der Praxis ausgewählte Beispiele alternativer Kennzahlen je nach Lebensphase des Unternehmens:

Wachstumsphase:
- Umsatzwachstumsphase
- Umsatz je Mitarbeiter
- Forschungs- und Entwicklungsaufwandsquote
- Cash-Flow-Kennzahlen
- Liquiditätskennzahlen.[126]

---

[123] Vgl. Sand (2004), S. 112.
[124] Vgl. Morganski (2003), S. 104.
[125] Vgl. Kaplan/Norton (1997), S. 47.
[126] Vgl. Morganski (2003), S. 106.

Reifephase:

- Return on Capital Employed (ROCE)
- Return on Investment (ROI)
- Eigenkapitalrendite
- Deckungsbeitragskennzahlen
- Economic Value Added (EVA)
- Cross-Selling-Rate.

Sättigungsphase:

- Cash Flow Return on Investment (CFROI), also Cash Flow im Verhältnis zum investierten Kapital
- Umsatzwachstum je Mitarbeiter im Vertrieb.

Über allem steht das langfristige Ziel des Unternehmens, hohe Erträge für das im Unternehmen investierte Kapital zu erwirtschaften und den Unternehmenswert somit kontinuierlich zu steigern. Auch wenn Hilfsorganisationen nicht in erster Linie auf die Erzielung von Profit aus sind, so ist dieses Ziel dennoch wesentlicher Bestandteil ihrer Geschäftstätigkeit.

5.3.2 Die Kundenperspektive

Um finanzwirtschaftliche Ziele erreichen zu können, müssen die Wünsche der Kunden ausreichend erfüllt sein. Die Erwartungen der Kunden sowie ihre Konsequenzen auf den Marktanteil sollen die Kennzahlen der Kundenperspektive widerspiegeln. Daraus ergeben sich folgende Kernkennzahlen:

- Marktanteil
- Kundentreue
- Kundenakquisition
- Kundenzufriedenheit
- Kundenrentabilität.[127]

---

[127] Vgl. Ehrmann (2007), S. 34.

Es mögen alle fünf Kennzahlen wichtig sein für eine Organisation oder ein Unternehmen. In erster Linie empfiehlt es sich jedoch, sich die wichtigsten Kennzahlen je nach Zielkundengruppe herauszufiltern, von der man sich die beste Zielerreichung im Hinblick auf Rentabilität und Wachstum verspricht.

Der Kundenperspektive sollte in Hilfsorganisationen besonderer Aufmerksamkeit gewidmet werden. Leider ist nach Forschung aller zu diesem Thema veröffentlichen Publikationen oder Fachbücher nur eine sehr oberflächliche Betrachtung zu lage gekommen. Die Image- und Reputationsdimension ist in diesem Fall der immaterielle Faktor, der Hilfsorganisationen für seine Kunden attraktiv macht. Unter Kunden sind an dieser Stelle Spendengeber zu verstehen, die nach Sicherstellung eines ordnungsgemäßen und treuhänderischen Umgangs mit Spendengeldern über die Verteilung ihrer Spenden entscheiden.[128]

5.3.3 Die interne Prozessperspektive

Um finanzielle Ziele und Kundenziele erreichen zu können, bedarf es der Formulierung von Zielen, die dies prozessual gewährleisten lässt. Entscheidend ist die Betrachtung der gesamten Wertschöpfungskette eines Unternehmens, die sich in folgende drei übergeordnete Prozesse unterteilen:

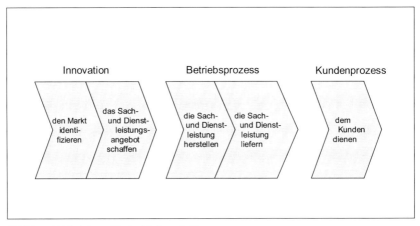

Abbildung 7: Die interne Wertschöpfungskette;
Quelle: Eigene Darstellung in Anlehnung an Brühl (2012), S. 437.

---

[128] Vgl. Haas (2011), S. 148.

Im Innovationsprozess erforscht das Unternehmen die Kundenwünsche und erschafft so neue Produkte oder Dienstleistungen. Im Betriebsprozess werden existierende Produkte oder Dienstleistungen produziert. Der dritte Prozess umfasst die Serviceleistungen am Kunden sowie den eigentlichen Kauf eines Produktes oder einer Dienstleistung.[129]

Kennzahlen beim Innovationsprozess:
- Ideenverwertungsrate
- Zeit bis zur Marktreife (Time to Market).[130]

Kennzahlen beim Betriebsprozess:
- Fehlerquoten
- Prozesskosten.[131]

Kennzahlen beim Kundenprozess:
- Zeitspanne von der Kundenanfrage bis zur Problemlösung
- After-Sales-Management über Telefonmarketing.[132]

Die interne Prozessperspektive bei Hilfsorganisationen ist bemerkenswert, da es sich bei dieser Organisationsart um einen Dienstleistungserbringer im weitesten Sinne handelt. Die klassischen hier beschriebenen Prozesse erscheinen aber im Zusammenhang mit Hilfsorganisationen nur schwer greifbar. Es ist auch allgemein schwierig, in Hilfsgebieten vor Ort Prozesse zu standardisieren. Letztlich muss hier in der Regel ein gewisses Maß an Flexibilität erhalten bleiben, um individuell auf die Bedürfnisse der Menschen vor Ort eingehen zu können, um so ein positives Ergebnis sichern zu können.[133]

---

[129] Vgl. Kaplan/Norton (1997), S. 93.
[130] Vgl. Morganski (2003), S. 95.
[131] Vgl. Brühl (2012), S. 437.
[132] Vgl. Morganski (2003), S. 99.
[133] Vgl. Bono (2006), S. 96.

5.3.4 Die Lern- und Entwicklungsperspektive

Die noch verbleibende Perspektive zielt auf das Unternehmen als lernende und sich entwickelnde Organisation ab. Besonders hervorgehoben werden in diesem Zusammenhang die Investitionen in Mitarbeiter, Prozesse und Informationssysteme. Es werden drei Hauptkategorien unterschieden:

- Mitarbeiterpotenziale
- Potenziale von Informationssystemen
- Motivation, Empowernment und Zielausrichtung.[134]

Die personalbezogenen Kennzahlen bilden hierbei die Mitarbeiterzufriedenheit, die Personaltreue und die Mitarbeiterproduktivität. Mögliche Kennzahlen zur Ermittlung könnten sein:

Mitarbeiterzufriedenheit:
- Bereitschaft zur Leistung freiwilliger Überstunden
- Anteil Mitarbeiter, die freiwillig in so genannten Qualitäts- oder Strategiezirkeln mitarbeiten.[135]

Personaltreue:
- Fluktuationsquote.

Mitarbeiterproduktivität:
- Ertrag, Gewinn oder Deckungsbeitrag je Mitarbeiter
- Umsatz je Mitarbeiter in einer bestimmten Zeitspanne.[136]

Die Lern- und Entwicklungsfähigkeit der Organisation bildet wie für jedes Unternehmen so auch für Hilfsorganisationen die Basis für jegliches Fortbestehen. Hier sind gerade Hilfsorganisationen auf die Qualifikation und die Motivation Ihrer Mitarbeiter besonders angewiesen. Innerhalb der Lern- und Entwicklungs-

---

[134] Vgl. Ehrmann (2007), S. 35.
[135] Vgl. Morganski (2003), S. 84 ff..
[136] Vgl. ebenda, S. 86.

perspektive bedeuten sie den entscheidenden Faktor, der im personenbezoge-
nen Dienstleistungssektor zu andauernden Wettbewerbsvorteilen führt. Mitarbeiter stellen die Weichen für die Umsetzbarkeit von Visionen und Strategien.[137]
Hilfsorganisationen erfreuen sich als Arbeitgeber mit zunehmend wachsender
Beliebtheit. Die international gewordene Belegschaft zeichnet sich durch kluge,
qualifizierte und motivierte Menschen aus der ganzen Welt aus. Weitere gefrag-
te Kompetenzen sind Enthusiasmus, Hartnäckigkeit, akademische Abschlüsse
sowie die Fähigkeit, moralisches Dilemma reflektieren zu können.[138]

Diese Perspektive ist für Hilfsorganisation sicherlich eine der tief greifenden.
Deshalb empfiehlt es sich, hier im Rahmen der BSC über die Implementierung
einer eigenen Mitarbeiter-Perspektive nachzudenken.

---

[137] Vgl. Bono (2006), S. 98.
[138] Vgl. Ustorf (2011), S. 3.

5.4 Die Entwicklung einer Balanced Scorecard

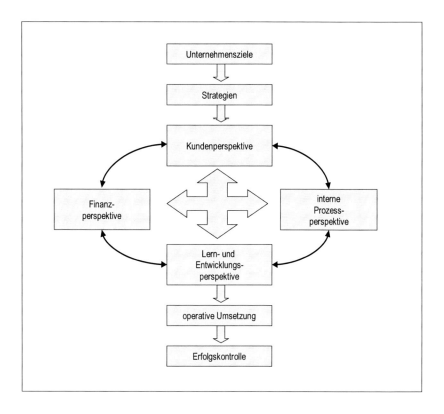

Abbildung 8: Stellung der BSC im Prozess der Unternehmensplanung;
Quelle: Eigene Darstellung in Anlehnung an Preißner (2011), S. 59.

Wie aus der Abbildung erkennbar, ist vor der Entwicklung einer BSC die Ableitung der Strategien aus den Unternehmenszielen notwendig. Dabei ist eine
Scorecard immer strategiekonform. Die Ergebnisse der Kontrollvorgänge werden wieder an den Prozess der Scorecard-Entwicklung und -Anwendung integriert, um Ziele anzupassen oder neue Ziele und Steuerungsgrößen zu integrie-
ren.[139]

---

[139] Vgl. Preißner (2011), S. 58.

Zu Beginn sind strategische Vorarbeiten, also die Erarbeitung von Zielen und Strategien wichtig. Hierzu ist eine Konferenz oder ein Workshop der Verantwortlichen, zum Beispiel des mittleren Managements unter Einbeziehung der Geschäftsleitung notwendig.[140] In diesem Zusammenhang ist die Regelung der Projektverantwortung entscheidend. Die funktionale Verantwortung, also die Geschäftsleitung, ist die Instanz, die über die Durchführung der BSC entscheidet. Die fachliche Betreuung des Projekts erfolgt durch einen unabhängigen Projektleiter, der die einzelnen Schritte initiiert und überwacht. Unabhängigkeit ist notwendig, damit die Vermischung eigener Ziele und Interessen ausgeschlossen werden kann und Zwischenergebnisse neutral und objektiv betrachtet werden. Der Abstimmungsprozess kann in Form eines Workshops stattfinden, der eine effiziente Organisation mit entsprechenden Kompetenzen für den Projektleiter vorsehen muss.[141]

Die Gesamtprozessdauer wird rund sechs Monate in Anspruch nehmen. Damit ist nur die Ersteinführung abgearbeitet. Die ersten Ergebnisse über den Einsatz liegen meist erst nach einen Jahr oder einem Kalenderjahr vor, so dass es mitunter zwei Jahre andauert, bis über den Erfolg des Einsatzes der BSC entschieden werden kann.[142] Ein mögliches Konzept zur Einführung einer BSC ist dieser Arbeit als Anhang 3 beigefügt.

Die strategischen Ziele bilden den Kern der BSC. Ein Ziel der BSC ist es dabei, sinnvolle Kennzahlen zur Messung und Bewertung der Ziele auszuwählen. Hierbei wird vorgeschlagen, die Kennzahlen und somit formulierten Strategien auf 20 Ziele zu beschränken. Dies unterstützt deren Umsetzbarkeit, da mehr als 20 Ziele nur schwer realisierbar sind.[143] Gleichzeitig ist wichtig, dass Individualität im Bezug auf die Auswahl von einzelnen Kennzahlen als wichtiges Merkmal gilt. In Einzelfällen ist hierbei Kreativität gefragt. Es kann aber auch auf einen Katalog von Kennzahlen zurück gegriffen werden. In dieser Arbeit ist in Anhang 4 eine Auswahl zu den Perspektiven Finanzen, Kunden, Interne Prozesse: Marketing/Vertrieb sowie Lernen und Entwicklung abgebildet.

---

[140] Vgl. Horvàth et al. (2009), S. 237.
[141] Vgl. Schäffer (2003), S. 508.
[142] Vgl. ebenda, S. 513.
[143] Vgl. Horvàth et al. (2007), S. 81.

Bei der Auswahl der Kennzahlen ist darauf zu achten, dass kausale Abhängigkeiten zwischen den Perspektiven bestehen. Das System der BSC ist nur dann Erfolg versprechend, wenn die Kennzahlen der Finanzperspektive auch einen positiven Einfluss auf die Kennzahlen der internen Prozess- und die Lern- und Entwicklungsperspektive haben. Durch die Bildung dieser beschriebenen Wirkungszusammenhänge zwischen den Perspektiven entstehen so genannte Ursache-Wirkungsketten. Bei den publizierten Praxisbeispielen ist dieser Zusammenhang maßgeblich für eine erfolgreiche Umsetzung der BSC.[144] Diese Ursache-Wirkungs-Beziehungen sind hierarchisch auf die Finanzperspektive ausgerichtet. Das bedeutet, dass tiefer liegende BSC-Perspektiven als treibende Faktoren für die Kennzahl einer übergeordneten Perspektive wirken.[145] So bewirkt eine höhere Produktqualität eine steigende Kundenzufriedenheit oder die höhere Lieferbereitschaft erlaubt zusätzliche Verkäufe.[146] Abbildung 9 veranschaulicht diese Verknüpfung anhand eines einfachen Beispiels und zeigt das hierarchische Verhältnis der vier Perspektiven zueinander auf:

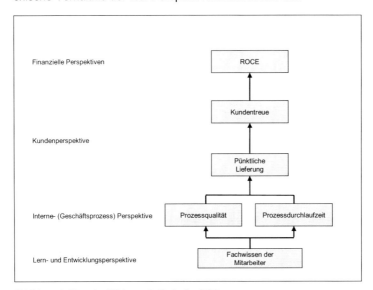

Abbildung 9: Ursache-Wirkungskette in der BSC;
Quelle: Eigene Darstellung in Anlehnung an Kaplan/Norton (1997), S. 29.

---

[144] Vgl. Mörgeli/Schwab (2011), S. 90.
[145] Vgl. Kaplan/Norton (1997), S. 29.
[146] Vgl. Preißner (2011), S. 82.

Die formelle Existenz einer BSC zieht noch keine positiven Auswirkungen mit sich. Vielmehr muss sie Inhalt und Struktur der Unternehmenssituation entsprechen und von den Beteiligten akzeptiert und gelebt werden. Das Management muss zur Einführung folgende Elemente berücksichtigen:

- Unterstützung des Top-Managements sicherstellen
- Top-Management in wichtige Phasen des Entwicklungsprozesses einbinden[147]
- Alle Entscheidungsträger, Mitarbeiter und sonstige tangierte Einheiten laufend über die BSC-Entwicklung informieren (hier passieren die größten Versäumnissen, da nur so Akzeptanz geschaffen wird)[148]
- Auswahl geeigneter Projektleiter
- Training von Moderatoren zur Übermittlung in die einzelnen Abteilungen
- Einhaltung des festgelegten Reviewprozesses
- Weitergabe gewonnener Erfahrungen und Anregungen innerhalb des eigenen Entwicklungsprozesses.[149]

5.5 Bedeutung der Balanced Scorecard in der Wirtschaft

Das Potential der BSC wird nach wie vor als sehr hoch eingestuft. In den USA, wo das Konzept bereits seit Beginn der 1990er Jahre eingesetzt wird, wird zum Teil von deutlichen Ertragssteigerungen berichtet.[150]

Durch verschiedene Untersuchungen ist empirisch belegt worden, dass die BSC im deutschsprachigen Raum einen hohen Verbreitungsgrad aufweist. Eine Untersuchung hat ergeben, dass sich im Jahre 2003 insgesamt 46% der börsennotierten deutschen, österreichischen und Schweizer Unternehmen mit der BSC auseinander gesetzt haben.[151]

Optimistisch konstatieren diese Studien, dass die Akzeptanz der BSC sowohl im erwerbswirtschaftlichen wie auch bei NPOs mit der Zeit gestiegen ist. Über 80% der NPOs haben den Bedarf an zusätzlichen strategischen Steuerungsinstrumenten für sich erkannt, 70% kannten das Konzept und drei Viertel der

---

[147] Vgl. Horvàth et al. (2007), S. 81.
[148] Vgl. Müller (2005), S. 144.
[149] Vgl. Preißner (2011), S. 92.
[150] Vgl. ebenda, S. 89.
[151] Vgl. Waniczek/Werderits (2006), S. 23 f..

NPOs, die sie kennen, erwägen eine BSC-Einführung. Von den 17%, die eine BSC bereits einsetzen, schätzen 88% den bisher erzielten Nutzen als mittel bis hoch ein. Diese Studien verfügen demnach über hinreichend praktische Erfahrung, um behaupten zu können, dass die BSC den Transfer vom theoretischen Konzept in die Praxis geschafft hat.[152]

Andere Studien ergaben, dass lediglich 19% der börsennotierten Gesellschaften in Deutschland einen Anwendungsbezug zur BSC herleiten können. Zudem nutzt ein großer Teil der BSC-Anwender das Instrument nur als Kennzahlensystem, obwohl die Erfinder Kaplan und Norton eine weitergehende Nutzung als Managementsystem einfordern.[153]

Diese Untersuchungsergebnisse zeigen, dass die BSC noch längst nicht in der Tiefe bei den Unternehmen angekommen ist, wie oftmals angenommen. Meist wird die Implementierung des Instruments als schwer zu überbrückende Hürde empfunden, die über den Erfolg oder den Misserfolg eines BSC-Projektes entscheidet. So ist, wie bereits unter 5.4 herausgearbeitet wurde, eine sorgfältige Planung über die Implementierung von vorn herein für den Erfolg unerlässlich.[154]

Einige wesentliche Studien von der Vielzahl der empirischen Forschungen, die in den ersten 15 Jahren nach der Erstveröffentlichung des Konzeptes durchgeführt wurden, sind dieser Arbeit als Anhang 5 beigefügt worden. Dabei ist kritisch anzumerken, dass verschiedene Forschungsarbeiten eine Reihe von Schwächen aufweisen. Der Teilnehmerkreis ist in der Regel sehr eingeschränkt, da weniger als 100 Unternehmen einbezogen wurden. Zudem wurden Studien unter sehr akademischen Perspektiven durchgeführt, die zum Teil wirklichkeitsfremde Fragestellungen mit sich brachten, auf die der Praktiker kaum Antworten fand.[155]

Die Studie „100 mal Balanced Scorecard" wurde von Horvàth & Partners im Jahre 2001/2002 erstmalig erstellt und 2003 sowie 2005 wiederholt. Es nahmen 100 Unternehmen aus Deutschland, Österreich und der Schweiz teil. Die Branchen der Studienteilnehmer unterteilen sich wie folgt:

---

[152] Vgl. ebenda, S. 24.
[153] Vgl. Weber et al. (2006), S. 9.
[154] Vgl. ebenda, S. 9.
[155] Vgl. Horvàth et al. (2007), S. 10.

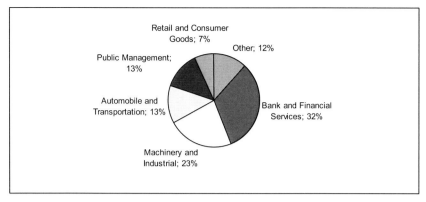

Abbildung 10: Branchen nach Studienteilnehmer;
Quelle: Eigene Darstellung in Anlehnung an Horvàth et al. (2007), S. 12.

Rund 30% der Unternehmen verfügen über weniger als 500 Mitarbeiter. Nahe-
zu drei Viertel der Projektleiter der BSC-Einführung entstammen dem Controlling oder Organisationsentwicklung. Da eine detaillierte Vorstellung der Ergebnisse den Rahmen dieser Arbeit übersteigen würde, wird lediglich auf die positiven Auswirkungen der BSC auf zentrale Kennzahlen näher eingegangen.

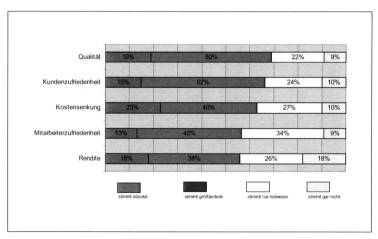

Abbildung 11: Positive Auswirkungen der BSC auf zentrale Kennzahlen;
Quelle: Eigene Darstellung in Anlehnung an Horvàth et al. (2007), S. 26.

Zu den Treibern, die positive wirtschaftliche Ergebnisse auslösen, gehören hier also Qualität, Kundenzufriedenheit und das Kostenniveau. Die Studienteilnehmer wurden um ihre subjektive Einschätzung gebeten, auf welche Kennzahlen die BSC einen positiven Einfluss hatte. Die bemerkenswert hohe Dimension Qualität lässt darauf schließen, dass sich Mitarbeiter durch die BSC dazu antreiben lassen, sich stärker um Qualitätsparameter zu bemühen.[156] Die Kostensenkungsmöglichkeiten, die über die BSC typischerweise durch Kennzahlen, Zielwerte und Aktionen messbar wird, scheinen sich in der Anwenderpraxis ebenfalls zu bewähren. Ähnliches gilt in diesem Zusammenhang für Kunden- und Mitarbeiterzufriedenheit. Noch nennenswert ist der Anteil von 56% der Befragten, die eine positive Entwicklung der Rendite in Bezug auf die Arbeit mit der BSC ausmachen.

Schlussendlich bleibt nach wie vor zu konstatieren, dass die Bedeutung der BSC für die deutsche Wirtschaft vorhanden ist und groß erscheint. Die Ergebnisse der Studien sind aber kritisch zu behandeln, da in der Regel dominierend Unternehmen an solchen Studien teilnehmen werden, die mit ihren positiven Ergebnissen aufwarten können. Dies führt dazu, dass tendenziell eher erfolgreiche Unternehmen ihre Daten übermitteln.[157]

5.6 Das Konzept der Sustainability Balanced Scorecard zur Steuerung von Nachhaltigkeit

Sobald sich eine Hilfsorganisation dafür entscheidet, das Thema Nachhaltigkeit in seine Strategie mit aufzunehmen, lässt sich dies mit einer BSC gut unterstützen. Neben der ökonomischen Dimension, die die BSC bspw. durch Kennzahlen der finanziellen Perspektive repräsentiert, sind noch ökologische und soziale Ziele mit aufzunehmen. Dabei ist der wesentliche Vorteil der BSC, finanzielle und nicht-finanzielle Ziele miteinander zu verknüpfen.[158]

Die wesentliche Entscheidung, die zu Beginn der Entwicklung einer nachhaltigkeitsorientierten BSC zu treffen ist, ist die Variante der SBSC. Erstens können die Umwelt- und Sozialaspekte in die vier Perspektiven der konventionellen BSC integriert werden. Hiermit befasst sich Kapitel 5.6.1. Zweitens kann es

---

[156] Vgl. Horvàth et al. (2007), S. 26.
[157] Vgl. ebenda, S. 25.
[158] Vgl. Fischer et al. (2010), S. 228.

ebenso empfehlenswert sein, jeweils eine gesonderte Umwelt-Perspektive und Sozio-Perspektive mit aufzunehmen, womit sich Kapitel 5.6.2 im Detail beschäftigt. Eine Dritte Möglichkeit ist die Implementierung einer speziellen Nachhaltigkeitsscorecard. Diese würde aber den Ansprüchen eines Nachhaltigkeitsmanagements nicht gerecht werden, da die Ursache-Wirkungskette der Zusammenhänge verloren geht.[159] Aus diesem Grund wird auf die Ausarbeitung dieser Variante in der vorliegenden Arbeit verzichtet.

5.6.1 Eingliederung von Umwelt- und Sozialaspekten in die vier Perspektiven

So wie alle anderen potenziell strategisch relevanten Aspekte besteht auch für die Umwelt- und Sozialaspekte grundsätzlich die Möglichkeit, in die vier bestehenden Perspektiven der BSC eingegliedert zu werden. Von der Finanzperspektive ausgehend, werden strategische Ziele, Kennzahlen und Maßnahmen bei allen vier Perspektiven um die Umwelt- und Sozialaspekte erweitert. Hierbei werden diejenigen Umwelt- und Sozialaspekte identifiziert und berücksichtigt, die für die Durchführung der Unternehmensstrategie notwendig sind.[160] Somit werden Umwelt- und Sozialaspekte integraler Bestandteil der konventionellen BSC. Über diesen Weg sind sie zwangsläufig in die BSC eingebunden und hierarchisch auf die Finanzperspektive ausgerichtet. Diese Variante kommt lediglich für Unternehmen in Frage, deren Interesse an Nachhaltigkeit eher marginal ist oder in diesem Bereich kaum Verbesserungspotenzial erkennen lassen.[161]

Ein Vorteil für die Unternehmen besteht darin, dass die BSC-Logik weiter beibehalten wird, da Ziele um Nachhaltigkeit erweitert werden. Für die Sicherstellung der Akzeptanz der BSC und eine fort andauernde Anwendung durch die Mitarbeiter ist dies eine gute Ausgangslage.[162] Ein weiterer Vorteil bei der Eingliederung der Umwelt- und Sozialaspekte in die BSC bietet die integrierte Herangehensweise an das Umwelt- und Sozialmanagement und wird so dessen Querschnittscharakter gerecht. Dieser Ansatz betont somit, dass alle drei Nachhaltigkeitsdimensionen in jeder BSC-Perspektive strategische Relevanz

---

[159] Vgl. Arnold et al. (2003), S. 395.
[160] Vgl. Hahn et al. (2002), S. 56.
[161] Vgl. Waniczek/Werderits (2006), S. 73.
[162] Vgl. ebenda, S. 74.

haben kann.[163] Zudem leistet dieser Ansatz eine Identifikation und wertorientierte Abstimmung der Umwelt- und Sozialaspekte, die in das Marktsystem eingebunden sind und für eine erfolgreiche Umsetzung der Unternehmensstrategie sorgen. Damit wird die Öko- und Sozio-Effizienz erhöht.[164]

Ein Nachteil ist die begrenzte Anzahl an Kennzahlen, die für die BSC bestenfalls zu verwenden sind. Aus diesem Grunde schlagen Kaplan und Norton höchstens 20 Kennzahlen zur Umsetzung einer erfolgreichen BSC vor. Somit müssen Umwelt- und Sozialaspekte stark aggregiert werden, oder es müssen teilweise wichtige Umwelt- und Sozialaspekte ganz eliminiert werden. Nachhaltigkeitsaspekte drohen in diesem Zusammenhang unterzugehen, falls eine wirkliche Gleichstellung der drei Dimensionen Ökonomie, Ökologie und Soziales nicht funktioniert. Zudem ergeben sich möglicherweise Zuordnungsfragen, in welche Perspektive welches Nachhaltigkeitsziel unterzubringen sei, was die Situation weiter verschärfen würde.[165]

Ein anderer möglicher Nachteil liegt darin, dass die Beachtung der ökologischen und sozialen Effektivität nicht gelingt. Das bedeutet, der absolute Erfolg in der Reduktion von Umwelteinwirkungen und sozialen Problemen wird schwierig messbar. Diese Effektivitätsbetrachtung ist zusätzlich zur Effizienz unabdingbar, um eine absolute und nicht nur relative Verbesserung in Richtung Nachhaltigkeit verzeichnen zu können. Somit könnte der Rahmen für die zusätzliche Berücksichtigung von Kennzahlen zur Messung der Öko-Effektivität in diesem integrativen Ansatz zu eng sein.[166]

Zusammenfassend kann festgehalten werden, dass die Integration einen geringeren Grad an Komplexität verspricht, da das Konstrukt der BSC im Wesentlichen bestehen bleibt. Andererseits wiegt der Vorwurf schwer, dass somit die besonderen Aspekte der ökologischen und sozialen Dimension nicht ausreichend Würdigung erfahren.[167]

---

[163] Vgl. Arnold et al. (2005), S. 162.
[164] Vgl. Hahn et al. (2002), S. 57.
[165] Vgl. Waniczek/Werderits (2006), S. 74.
[166] Vgl. Hahn et al. (2002), S. 57.
[167] Vgl. Brühl (2012), S. 444.

5.6.2 Erweiterung um weitere Perspektiven

Neben dem integrierten Ansatz wird in der Literatur ebenfalls ein additiver Ansatz diskutiert. Es kann empfehlenswert sein, jeweils eine zusätzliche Nachhaltigkeitsperspektive aufzumachen und so die Wechselwirkungen zu den anderen Perspektiven herauszuarbeiten. Vorausgeschickt soll nochmals darauf hingewiesen werden, dass Benennung der BSC-Perspektiven keinem Zwang unterliegen. Die Formulierung der BSC-Perspektiven soll unternehmensindividuell erfolgen und somit den spezifischen strategischen Besonderheiten eines Unternehmens folgen. Dies schließt auch eine Umbenennung oder die Formulierung von neuen Perspektiven explizit mit ein.[168]

Eine weitere eigene Perspektive zur Integration von Umwelt- und Sozialaspekten sollte nur eingeführt werden, wenn dieser Aspekt ausdrücklich einen eigenen strategischen Kernaspekt darstellt. Folglich ist eine zusätzliche Umwelt- und Sozialperspektive im Zusammenhang mit Nachhaltigkeit besonders dann notwendig, wenn diese Aspekte über das nicht-marktliche Unternehmensumfeld wirken. Diese, auf Umwelt und Soziales bezogenen externen Effekte, können nicht in die konventionelle BSC eingegliedert werden, da diese weitgehend im ökonomischen Umfeld verbleibt.[169] Dieser Fall ist gerade im vorliegend zu untersuchenden Fall der Hilfsorganisationen zutreffend. Hierbei handelt es sich um sehr umweltsensible und sozial exponierte Organisationen. Durch diese starke öffentliche Exponiertheit nehmen Umwelt- und Sozialaspekten auf Hilfsorganisationen eine zunehmend wichtige Stellung ein und wirkt sich somit unmittelbar auf die Strategierelevanz aus.[170]

Wie bei der konventionellen BSC müssen ebenso bei einer oder mehrerer zusätzlicher Perspektiven strategische Kernelemente und Leistungstreiber identifiziert und durch geeignete Kennzahlen abgebildet werden. Auch hier werden Kennzahlen über hierarchische Ursache-Wirkungsketten mit der Finanzperspektive verknüpft. Über diesen Weg wird auch für die strategisch relevante Umwelt- und Sozialkomponente ein wertorientiertes und auf die Unternehmensstrategie bezogenes Management gewährleistet. Hierdurch wird sie klar in Be-

---

[168] Vgl. Kaplan/Norton (1997), S. 33.
[169] Vgl. Hahn et al. (2002), S. 58.
[170] Vgl. ebenda, S. 58.

ziehung zu den anderen strategischen Perspektiven des Unternehmens gesetzt.[171] Hierzu und konkret zu Hilfsorganisation mehr unter 5.6.2.1 und 5.6.2.2.

Der Hauptvorteil liegt somit in der Möglichkeit, die Aspekte von Umwelt und Soziales entsprechend ihrer strategischen Relevanz für das Unternehmen zu berücksichtigen. Hierdurch erfahren diese Aspekte eine stärkere Betonung und erhalten in der BSC ihren eigenen Platz und werden nicht übergangen. Um das Konzept der Nachhaltigkeit in den Köpfen der Mitarbeiter zu verankern, spricht dies für eine Erweiterung der BSC um eben diese Perspektiven. Hilfsorganisationen können diese Aspekte als fundamentale Elemente zur andauernden Schaffung von Wettbewerbsvorteilen und somit zur erfolgreichen Umsetzung der eigenen Strategie sehr gut nutzen.

Nachteilig kann sich die Formulierung einer eigenen Perspektive zur Integration von Umwelt- und Sozialaspekten dann auswirken, wenn diese Aufgabe als Sonderstatus angesehen wird. Es besteht die Gefahr der Isolierung dieser Aspekte, da es fraglich sein kann, ob über die begrenzte Anzahl der Beziehungsketten innerhalb der BSC der Wichtigkeit von Umwelt- und Sozialaspekten ausreichend Rechnung getragen wird. Es kann als Anhängsel wirken und keine Bereicherung der strategischen Ausrichtung für das Unternehmen sein.[172]

In Bezug auf Hilfsorganisationen erscheint es sinnvoll, insgesamt zwei neue Perspektiven im Rahmen der konventionellen BSC zu eröffnen, wie im Folgenden dargestellt.

5.6.2.1 Umwelt als fünfte Perspektive

Für eine ökologiebewusste und sozialorientierte Hilfsorganisation könnte eine Umweltperspektive als weitere Perspektive der SBSC wie in folgender Tabelle dargestellt aussehen:

---

[171] Vgl. ebenda, S. 60.
[172] Vgl. Arnold et al. (2005), S. 162.

Strategische Ziele:	Messgrößen:	Operative Ziele:	Maßnahmen:
• Reduzierung CO2-Emissionen	• Dynamic Carbon Accounting	• 2012 um 10% verringern	• Modell anwenden
• Ökoimage verbessern	• Kundenbefragungen	• Index um 5% steigern	• 2x p.a. Befragung durchführen
			• Werbemaßnahmen intensivieren

Tabelle 5: Umwelt-Perspektive;
Quelle: Eigene Darstellung in Anlehnung an Müller (2011), S. 123.

Um eine durchgängige umweltorientierte Strategieumsetzung zu gewährleisten, sind die Mitarbeiter entsprechend zu schulen und die Prozesse effizient im Sinne einer Reduzierung von umweltschädlichen Vorgängen zu gestalten.

Hierbei ist das aktuell diskutierte Modell des Dynamic Carbon Accounting zu benennen, welches im Kern die Monetarisierung von CO_2-Emissionsmengen möglich werden lässt. Die Bedeutung von Nachhaltigkeit wird messbar und das Erreichen von Emissionszielen transparent gemacht.[173] Organisationen gehen teilweise dazu über und erstellen zu diesem Zweck eine so genannte Treibhausgasbilanz. Diese kann zum Zwecke einer Offenlegung beispielsweise im Unternehmensbericht dienen oder, wie hier dargestellt, zur Formulierung des Ziel der Reduzierung von Emissionen im Rahmen der BSC. Deshalb ist dieses Modell für Hilfsorganisationen und vor dem Hintergrund des nachhaltigen Gedankens der SBSC sehr aktuell. Empirisch bewiesen ist dies bereits am Beispiel der Hilfsorganisation „Brot für die Welt", die in ihrem Jahresbericht 2010 unter der Rubrik Corporate Social Responsibility (CRS) das Klima schonende Reisen als Leitlinie verankert hat. Seit dem 01.01.2011 werden für alle innerdeutschen Dienstreisen nur noch Bahntickets gelöst. Andere Verkehrsmittel wie Auto oder Flugzeug müssen vom Abteilungsleiter mittels Sondererlaubnis genehmigt werden. Reisen in Länder des Südens zu Gesprächen mit Partnern und Evaluierungen von Projekten sollen möglichst zusammengelegt werden. Es lassen sich hierüber nach Unternehmensangaben pro Jahr 175 Tonnen CO_2 einsparen. Unvermeidbare Flugkilometer werden erfasst und der CO_2-Ausstoß

---

[173] Vgl. Asen/Wiesehahn (2011), S. 46 f..

wird berechnet, jede Tonne über die „Klima-Kollekte" ausgeglichen, der wiederum klimafreundliche Projekte eines Fonds von „Brot für die Welt" finanziert.[174] Auch Unicef hat in ihrem Geschäftsbericht 2010 das Thema Nachhaltigkeit und Umwelt aufgegriffen und hat sich dazu entschlossen, im Rahmen einer Umweltprüfung konkrete Einzelmaßnahmen umzusetzen und somit Umwelt- und Nachhaltigkeitsbelange zukünftig vermehrt zu berücksichtigen.[175]

Das zweite ausgewählte Thema Ökoimage ist für Hilfsorganisationen ebenfalls bedeutend. Wie bereits unter 5.3.2 festgehalten, ist das Image für Spendengeber sehr wichtig. Ein Spendengeber entscheidet möglicherweise je nach Öko-Bewusstsein der Hilfsorganisation darüber, ob er dort sein Geld für die Hilfsbedürftigen investiert. Die separate Berücksichtigung von Umweltaspekten im Rahmen der SBSC erscheint daher sinnvoll und notwendig.

5.6.2.2 Gesellschafts- bzw. Sozio-Aspekte als sechste Perspektive

Dieselbe Hilfsorganisation könnte ebenso eine sechste Perspektive neben den klassischen Perspektiven der BSC in ihre SBSC eingliedern. Eine Gesellschafts- bzw. Sozio-Perspektive könnte wie folgt aussehen:

Strategische Ziele:	Messgrößen:	Operative Ziele:	Maßnahmen:
• Mitarbeitermotivation verbessern	• Mitarbeiterbefragung	• Einmal p.a.	• Mitarbeiterfragebogen konzipieren • Job-Enrichment ausbauen
• Erfolgsbeteiligung einführen	• Einkommenszuwachs in %	• 2012 um 3% steigern	• Mitarbeiterbeteiligung mit Betriebsrat konzipieren • Betriebsversammlung dazu organisieren und durchführen

Tabelle 6: Sozio-Perspektive;
Quelle: Eigene Darstellung in Anlehnung an Müller (2011), S. 124.

Wie bereits unter 5.4.3 festgehalten, ist die Implementierung einer Mitarbeiter-, oder wie hier genannt Gesellschafts- bzw. Sozio-Perspektive für Hilfsorganisa-

---

[174] Vgl. Brot für die Welt (2011), S. 49.
[175] Vgl. Unicef (2011), S. 55.

tionen sinnvoll. Mitarbeiter stellen für Hilfsorganisationen im Besonderen einer der wichtigsten Komponenten dar. Nur durch qualifizierte und motivierte Mitarbeiter gelingt es, die teilweise ambitionierten Aufgaben in einer Hilfsorganisation zu bewerkstelligen.

Eine messbare Mitarbeiterzufriedenheit als separate Perspektive der SBSC ist notwendig, um den Mitarbeiter die Wertschätzung für ihre Arbeit zukommen zu lassen, die sie sich verdient haben.

Das zweite, zugegebener Maßen ambitionierte Ziel, eine Mitarbeiterbeteiligung für erfolgreich verlaufene Hilfsprojekte weltweit zu installieren, bedeutet zusätzliche Kosten und wird daher schwierig in der Umsetzung. Es eignet sich aber gleichermaßen, die ohnehin motivierten Mitarbeiter in ihrer Arbeit wertzuschätzen und dies durch eine separate Zielgröße in der erweiterten Perspektive der SBSC mit einzubeziehen.

5.7 Grenzen und Schwächen

Die BSC und die SBSC sind explizit keine Konzepte zur Formulierung von Nachhaltigkeitsstrategien für Unternehmen oder Organisationen. Ihre Aufgaben bestehen viel mehr darin, bzw. Umwelt- und Sozialaspekte bei der Umsetzung von Strategien zu berücksichtigen. Für jedes Unternehmen und jede Organisation ergeben sich durch die wertorientierte Sicht der SBSC ganz spezifische Schwerpunkte des Umwelt- und Sozialmanagements. Diese stimmen nicht immer mit den Standards und Normen allgemeiner Umwelt- und Sozialmanagementsysteme überein.[176]

Zudem kann der Beitrag einer Organisation zu einer nachhaltigen Entwicklung nur begrenzt durch die SBSC gesteuert werden. Es ist von der Bedeutung der Nachhaltigkeitsaspekte für die Unternehmensstrategie abhängig, wie umfangreich die Umwelt- und Sozialaspekte in einer SBSC beachtet werden. Hierbei ist die Formulierung einer Strategie zur Nachhaltigkeit nach wie vor eine notwendige Voraussetzung, um die Umwelt- und Sozialeffizienz nachhaltig zu steigern.[177]

Umwelt- und Sozialaspekte werden immer Mittel zur Erreichung des langfristigen finanziellen Erfolgs des Unternehmens bleiben. Sie können zwar einen un-

---

[176] Vgl. Schaltegger et al. (2007), S. 69.
[177] Vgl. Ries/Wehrum (2011), S. 30.

terschiedlichen strategischen Stellenwert besitzen, haben aber grundsätzlich immer instrumentellen Charakter wenn es um die langfristigen Ziele eines Unternehmens geht.[178] Hierzu zählt klassisch die Steigerung des Unternehmenswertes.

Weiterhin wird der bestehende Zielkonflikt zwischen den Kennzahlen durch die Aufnahme von Umwelt- und Sozialaspekten noch gefördert.

5.8 Ein Praxisbeispiel:
Die erfolgreiche Implementierung der Balanced Scorecard bei der stiftung st. franziskus heiligenbronn

Das nachfolgende Beispiel zeigt exemplarisch die praktische Umsetzung der BSC in einer karitativen und gleichzeitig wirtschaftlich handelnden Organisation. Auch wenn es sich nicht explizit um eine international tätige deutsche Hilfsorganisation handelt, lassen sich Übertragungsmöglichkeiten und praktische Handlungsempfehlungen für die Arbeit mit der BSC aufzeigen.

Bei der Stiftung st. franziskus heiligenbronn (ssfh) handelt es sich um eine kirchliche Stiftung öffentlichen Rechts mit Sitz im Baden-Württembergischen mittleren Schwarzwald. Die Stiftung wurde 1991 errichtet und durch das zuständige Ministerium Baden-Württembergs zur öffentlich-rechtlichen Rechtsfähigkeit verholfen. Da es bis dahin noch kein Managementsystem gab, wurde durch gute Zusammenarbeit zwischen Vorstand und Stiftungsrat erste lückenhafte Aufgaben, der Bedarf und die Ziele formuliert. Die heutige Stiftung hat auf katholisch-kirchlicher Grundlage einen karitativen Auftrag zu erfüllen. Dabei verfolgt sie uneingeschränkt gemeinnützige, mildtätige und kirchliche Zwecke.[179] Sie verfügt über Einrichtungen in den Bereichen:

- Altenhilfe, an 10 Standorten für betreuungs- und pflegebedürftige Senioren
- Behindertenhilfe
- Kinder- und Jugendhilfe
- Versorgungsbereich mit Ausbildungsbetrieben für sinnes- und lernbehinderte junge Menschen.

---

[178] Vgl. Hahn et al. (2002), S. 65.
[179] Vgl. Schwien (2009), S. 88.

Insgesamt werden in 20 Standorten in Baden Württemberg rund 1.400 Menschen im stationären und teilstationären Bereich, sowie rund 2.000 Menschen im ambulanten Bereich betreut. Bei einem jährlich steigenden Umsatz von mittlerweile 63,5 Mio. Euro werden 1.580 Mitarbeiter beschäftigt.[180]

Zur Umsetzung ihrer „ganzheitlichen Unternehmensführung" wählte die ssfh die Grundbausteine der BSC. Diese stellten sich durch die Vision, den vier konventionellen Perspektiven der BSC und den Blick auf das Umfeld, hier Umwelt und Politik, dar. Diese wurde zum besseren Verständnis als zusätzliche fünfte Perspektive dargestellt.

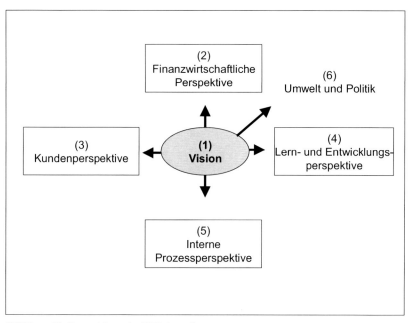

Abbildung 12: Perspektiven der BSC der ssfh;
Quelle: Eigene Darstellung in Anlehnung an Schwien (2009), S. 93.

Das Leitbild oder die Vision stellt auch bei der ssfh die Grundlage der Unternehmensführung dar. Es enthält wesentliche Merkmale und verbindliche Grundsätze, nach denen die Mitarbeiter bei ihrer Arbeit für die Stiftung handeln

---

[180] Vgl. ssfh (2010), S. 7 ff..

und verhalten sollen. Das Leitbild wurde durch die Mitarbeiter erarbeitet und entspricht deren Anspruch, der von nun an messbar wird. Sie soll kritisierend, stimulierend und integrierend in die einzelnen Perspektiven und somit Aufgabenfelder der BSC hineinwirken.[181] Der Auszug aus dem Leitbild der ssfh liegt dieser Arbeit als Anhang 6 bei.

Die ssfh hat anstelle der üblichen BSC-Kennzahlen die nach dem Vier-Augen-Prinzip bewerteten so genannten Beobachtungsbereiche herangezogen, die je nach Bedarf jährlich neu definiert werden können und den BSC-Perspektiven zugeordnet werden. Diese werden im monatlichen finanzwirtschaftlichen Berichtswesen kommentiert und reduziert so den Aufwand bei der Ermittlung klassischer BSC-Kennzahlen.[182]

Bei der Kundenperspektive der klassischen BSC werden Kunden- und Marktsegmente identifiziert und Kundenzufriedenheit, Kundentreue sowie Marktanteile erfasst. Die ssfh benennt zu ihrer Kundenperspektive u. a., dass die Beziehungen zu Menschen von Wertschätzung, Zuverlässigkeit und Verbindlichkeit geprägt sind. Das Selbstbestimmungsrechte der Menschen geachtet werden, das Leistungsspektrum transparent ist und permanent an den verändernden Bedürfnissen ihrer Leistungsnutzer angepasst wird. Das konkrete Praxisbeispiel „Pflegeleitbild" für die Strategie in der Altenhilfe und ihre operative Umsetzung liegt im Anhang 7 bei.

Bei der finanzwirtschaftlichen Perspektive werden klassische Finanzkennzahlen wie Liquidität oder Rentabilität untersucht. Auch die ssfh verfügt hier über eine Reihe von klassischen strategischen Zielen, wie die Ermittlung von Cash-Flow-Berechnungen, Investitionsberechnungen, den Aufbau von Vermögen oder ein monatliches Berichtswesen mit Soll-Ist-Abgleichen.[183] Der beispielhafte Auszug für einen Monatsbericht ist dem Anhang 8 dieser Arbeit beigefügt.

Mit der Lern- und Entwicklungsperspektive wird die Infrastruktur identifiziert, die langfristig Wachstum und die Verbesserung von Leistung sicherstellt. Hierfür sind erhebliche Anstrengungen im Bereich der Aus-, Fort- und Weiterbildung von Mitarbeitern notwendig. Die ssfh hat hier besonders das Zielvereinbarungs-

---

[181] Vgl. Schwien (2009), S. 97.
[182] Vgl. ebenda, S. 99.
[183] Vgl. ebenda, S. 104 ff..

und Entwicklungsgespräch in ihren Fokus zur Messung dieser BSC-Perspektive genommen. Der Musterablauf hierfür ist in dieser Arbeit als Anlage 9 beigefügt.

Die interne Prozessperspektive identifiziert kritische Prozesse, die besonderen Einfluss auf Kundenzufriedenheit und die Unternehmenszielerreichung haben. Konkret werden bei ssfh Arbeitsabläufe und -prozesse erfasst und so gesteuert. Hierzu werden Organisationsrichtlinien, Organigramme oder Arbeitsabläufe hinterlegt. Ziele sind u. a. Geschäftsprozesse, Arbeitsabläufe und Kompetenzen eindeutig und transparent zu erfassen und kontinuierlich zu verbessern. Praktisch nutzt die Stiftung hierzu ein Dokumentenmanagementsystem (DMS), um das notwendige Wissen und die dazu benötigten Dokumente in ihrer Datenbank aufzubewahren.[184]

Um ihre Ziele nicht nur im internen Bereich zu verfolgen, hat sich die ssfh noch für eine fünfte Perspektive, namentlich für Umwelt und Politik entschieden. Hier sollen vor allem der Bezug zu Menschen, wie Eltern oder Angehörige, Betreuer, Vertreter von Behörden, Medien oder auch politische Gemeinden hergestellt werden.[185] Aus diesem Grunde kommuniziert die Stiftung mit diesem Menschen und Institutionen intensiv und bildet so Netzwerke. Sie will sich für die Menschen in besonderen Lebenslagen einsetzen, gleichzeitig ihren Glauben kommunizieren, um den Grundauftrag der Kirche zu vertreten. Die ssfh nennt hier ihre Lobbyarbeit in der Behindertenhilfe, die diesen Menschen selbst bestimmte Begleitungs- und Betreuungspakete ermöglicht.[186]

---

[184] Vgl. Schwien (2009), S. 120 ff..
[185] Vgl. ebenda, S. 127.
[186] Vgl. ebenda, S. 131.

6 Konsequenzen für das Controlling in Hilfsorganisationen

Dieser abschließende Teil der Arbeit befasst sich mit den Erkenntnissen und Ergebnissen des erarbeiteten Materials. Im Wesentlichen wird der Frage nachgegangen, welche Bedeutung die BSC für Hilfsorganisationen haben kann. Hierbei werden neben einer abrundenden Ausführung über die Notwendigkeit einer BSC in Hilfsorganisationen auch deren Vorteile und Nachteile dargestellt. Letztlich wird in einem Ausblick gewährt, welche zukünftigen Perspektiven für Hilfsorganisationen in Bezug auf die BSC, aber auch in Bezug auf das Thema Nachhaltigkeit, bestehen.

6.1 Die Notwendigkeit einer Balanced Scorecard in Hilfsorganisationen

Das strategische Management von Hilfsorganisationen ist durch die fehlende Planbarkeit der Spendeneinnahmen und öffentlichen Zuwendungen einerseits, sowie den politischen Verhältnissen in den jeweiligen Ländern andererseits, vielfältigen Herausforderungen auseinandergesetzt. Es bleibt aber festzuhalten, dass Hilfsorganisationen nicht anders arbeiten als gewinnorientierte Unternehmen. Auch hier herrscht Verdrängungswettbewerb zwischen den Organisationen und es herrscht Konkurrenz in Bezug auf öffentliche Zuwendungen. Sie agieren auf einem Markt in Konkurrenz zueinander. Im Unterschied zu rein gewinnorientierten Unternehmen verfügen Hilfsorganisationen über „ideelle" Anteilseigner, die den Organisationen Gelder zur Verfügung stellen in der Erwartung, dass sie diese zweckmäßig verwenden. Hierbei bedeutet Non-Profit zwar nicht das Streben nach hohen Gewinnen, aber bedeutet auch nicht, nichtökonomisch zu handeln.[187] Es gelten die gleichen Maßstäbe in Bezug auf effektives und effizientes Wirtschaften wie bei Unternehmen im klassischen Sinne.

Mit diesem Bewusstsein ist die Notwendigkeit einer BSC für Hilfsorganisationen gegeben und deren Implementierung empfehlenswert. Mit der BSC kann die Grundidee einer Unternehmensstrategie sehr gut vermittelt werden. Dies geschieht anhand einer relativ einfachen Darstellung und verknüpft die vier klassi-

---

[187] Vgl. Quitt/Schulze (2012), S. 14.

schen Perspektiven der BSC zu einem nachvollziehbaren System. Die Welthungerhilfe arbeitet aktuell an einer Einführung der Unternehmensstrategie mittels der BSC. Sie hat beobachtet, dass eine Reihe von zusammenhanglosen Dokumenten zur Strategie des Unternehmens bestanden, deren Verbindung untereinander aber nicht ersichtlich war.[188] Als konkreten Nutzen erwartet sich die Welthungerhilfe, dass die Strategie mittels der BSC gelebt werden kann und für die Mitarbeiter auch erlebbar wird. Bislang waren Strategie und BSC lediglich Dokumente, die es nunmehr gilt „mit Leben zu füllen". Sollte dies besser gelingen als zuvor ohne die BSC, hat sich die Einführung bereits rentiert.[189]

Weiterhin gelingt es mit der BSC, die eigene Vision und in diesem Zusammenhang eine Mission zu formulieren. Dies war für die Welthungerhilfe eine weitere Notwendigkeit, sich mit der Implementierung der BSC auseinanderzusetzen. Hierbei wird ebenfalls deutlich, dass das gemeinsame Erarbeiten von Vision, Mission und Strategie sowie die Umsetzung einer BSC die Zusammenarbeit zwischen Vorstand und mittlerer Führungsebene gestärkt hat. Über diesen Weg wurde erreicht, ein einheitliches strategisches Verständnis zu erzeugen, bei dem mehrere Mitarbeiter aus unterschiedlichen, auch hierarchischen, Unternehmensbereichen in der Entwicklung beschäftigt waren.[190]

Bei der Frage, wie die BSC aussehen müsste, hat sich zumindest die Welthungerhilfe auf die klassischen vier Perspektiven Finanzen, Kunden, interne Prozesse sowie Lernen und Entwicklung beschränkt. Nach Ansicht des Verfassers und im Hinblick auf die vorgestellte und aktuelle Diskussion zum Thema Nachhaltigkeit wäre die Installation einer SBSC ebenfalls wünschenswert. Nachhaltigkeit ist auch für Hilfsorganisationen ein Thema. Die Hilfsorganisation „Brot für die Welt" hat in ihrem Jahresbericht 2010 unter der Rubrik Corporate Social Responsibility nachhaltiges Handeln zum Grundsatz erklärt.[191] Hier ist insbesondere wieder indirekt vom Carbon Accounting die Rede. Dies beschäftigt sich, wie unter 5.6.2.1 vorgestellt, mit der Monetarisierung von CO_2-Emissionsmengen.

---

[188] Vgl. Quitt/Schulze (2012), S. 14.
[189] Vgl. ebenda, S. 15.
[190] Vgl. ebenda, S. 21.
[191] Vgl. Brot für die Welt (2012), S. 49.

Zusammenfassend ist die Einführung einer BSC als auch einer SBSC vor den aufgeführten Argumenten für Hilfsorganisationen sinnvoll und empfehlenswert.

6.2 Vorteile und Nachteile

Die Implementierung einer BSC birgt für Hilfsorganisationen gleichermaßen Vorteile und Nachteile, die im Folgenden aufgeführt werden.

Zu den Vorteilen, insbesondere einer SBSC, zählt die Integration der Nachhaltigkeitsdimensionen Ökonomie, Ökologie und Soziales. Durch das System der SBSC wird Nachhaltigkeit, und hier gerade der CO_2-Ausstoß mittels Carbon Accounting, messbar.

Darüber hinaus wird durch die BSC die Strategie des Unternehmens erkennbar und für alle Beteiligten nachvollziehbar. Für die Mitarbeiter in einem Unternehmen oder in einer Organisation wird die Strategie zudem erlebbar. Sie dient also als gutes Instrument zur Steuerung und zur Kommunikation von Unternehmensstrategien.

Zu den Vorteilen zählt weiterhin, dass sich Managementprozesse an die Strategie anpassen lassen. Dies gilt als Grundlage zur Unternehmensführung.

Weiterhin zählt die Ausgewogenheit der BSC durch die Einbeziehung der vier verschiedenen Perspektiven zu den Vorteilen.

Die Implementierung einer BSC innerhalb einer Organisation gilt in der Literatur häufig als Nachteil oder es werden andere Vorbehalte gegenüber der BSC aufgeführt. Auch das aktuelle Praxisbeispiel der Welthungerhilfe veranschaulicht, dass der Gesamtprozess von den ersten Vorüberlegungen bis zur Verabschiedung der Strategie knapp zwölf Monate angedauert hat.[192] Bis erste Erfahrungswerte bestehen und ein erster Austausch hierüber möglich ist, werden sicher weitere zwölf Monate anzusetzen sein. In diesem Zusammenhang ist die Ingangsetzung einer BSC sehr zeitaufwendig und kostenintensiv. Es bedarf innerhalb des Unternehmens eines hohen Koordinationsaufwands.

Der Vorteil der Ausgewogenheit des Konzeptes kann gleichermaßen sein Nachteil sein. Es besteht die Gefahr der Überfrachtung von Informationen, da die BSC mindestens vier verschiedene Perspektiven benötigt.

---

[192] Vgl. Quitt/Schulze (2012), S. 15.

Im konkreten Fall der Hilfsorganisationen besteht noch ein zusätzlicher Nachteil, da bislang kaum über eingeführte BSC-Systeme publiziert wird. Es bestehen daher keine Erfahrungsberichte, anhand derer sich Hilfsorganisationen orientieren könnten.

6.3 Ausblicke

Insgesamt ist zu konstatieren, dass die Themen Nachhaltigkeit und Nachhaltigkeits-Controlling in Unternehmen und auch in Hilfsorganisationen angekommen sind. Diese Themen werden in Zukunft immer mehr an Bedeutung zunehmen und die Auseinandersetzung hiermit den Außenauftritt, wie konkret den von Hilfsorganisationen, anpassen. Die aktuell analysierten Jahresberichte von ausgewählten Hilfsorganisationen zeigen deutlich, dass sich mit den Themen Nachhaltigkeit und deren Messung aktiv auseinandergesetzt wird.

Weiterhin ist anhand der BSC-Einführung der Welthungerhilfe erkennbar, dass das System der BSC für Hilfsorganisationen von großer Bedeutung ist. Sie gewährleistet eine Strategieauseinandersetzung. In der Zukunft ist davon auszugehen, dass noch weitere Hilfsorganisationen mit der Einführung einer BSC folgen werden. Hierbei wäre es, wie bereits erwähnt, wünschenswert, wenn schon zu Beginn die Nachhaltigkeitsaspekte innerhalb einer SBSC integriert werden. Für die Zukunft wäre es besser, wenn mehr Hilfsorganisationen an der BSC-Einführung teilnehmen würden als derzeit, damit alle innerhalb der Branche auf diesem Gebiet von einem gegenseitigen Austausch profitieren können.

Hilfsorganisationen stehen, wie beschrieben, ebenfalls in ihrem Markt im Wettbewerb zueinander. Spender und öffentliche Zuwendungsgeber entscheiden nach bestimmten Kriterien, ob sie einer Hilfsorganisation monetäre Mittel zur Verfügung stellen. Es ist daher gut möglich, dass sie sich anhand einer erkennbaren Strategie und deren Position zum Thema Nachhaltigkeit zunehmend daran orientieren werden, ob sie einer bestimmten Organisation Geld zur Verfügung stellen wollen oder nicht.

Zur Sammlung von praxisnahen Informationen zum Thema dieser Master-Thesis wurde an über 30 deutsche Hilfsorganisationen ein Mail versandt. Dieses Mail findet sich im Anhang 10 wieder. Leider war die Resonanz durch die Hilfsorganisationen verhalten, wobei das Thema dennoch als interessant identifiziert wurde. In dem Zusammenhang positiv war der Austausch mit der Welthungerhilfe über deren Erfahrungen mit der Einführung der BSC.

Insgesamt lautet der Appell für alle Hilfsorganisationen gleich. Durch die Preisgabe von Informationen über die Auseinandersetzungen oder praktischen Erfahrungen mit der BSC wird Transparenz und Offenheit geschaffen. Es bleibt nicht nachvollziehbar, wieso den potentiellen Kunden, hier konkret den Spendern, als wesentlicher Bestandteil der BSC, keine Informationen zu Hilfsorganisationen zur Verfügung gestellt werden. Die Verbesserung der Kommunikation über den Nutzen und die Praktikabilität der BSC ist eine Voraussetzung, um das System der BSC zukünftig vermehrt erfolgreich implementieren zu können.

Literaturverzeichnis

I. Bücher

Anheier, H. et al. (2002):
Der Nonprofit Sektor in Deutschland, in: Badelt, C. (Hrsg.): Handbuch der Nonprofit Organisation -Strukturen und Management-, 3. Aufl., Schäffer-Poeschel Verlag, Stuttgart, S. 19-44.

Arnold, W. (2005):
Die Balanced Scorecard als Instrument zur Umsetzung der Unternehmensstrategie, in: von Boguslawski, A./Ardelt, B. (Hrsg.): Sustainable Balanced Scorecard -Zukunftsfähige Strategien entwickeln und umsetzen-, RKW-Verlag, Eschborn, S. 129-156.

Arnold, W. et al. (2005):
Strategisches Nachhaltigkeitsmanagement mit der Sustainable Balanced Scorecard -Konzeption und Umsetzungserfahrungen in den beteiligten KMU-, in: von Boguslawski, A./Ardelt, B. (Hrsg.): Sustainable Balanced Scorecard - Zukunftsfähige Strategien entwickeln und umsetzen-, RKW-Verlag, Eschborn, S. 157-187.

Badelt, C. (2002):
Zielsetzungen und Inhalte des "Handbuchs der NPO", in: Badelt, C. (Hrsg.): Handbuch der Nonprofit Organisation -Strukturen und Management-, 3. Aufl., Schäffer-Poeschel Verlag, Stuttgart, S. 3-18.

Berens, W. et al. (2001):
Performance Measurement und Balanced Scorecard in Non-Profit-Organisationen, in: Klingebiel, N. (Hrsg.): Performance Measurement & Balanced Scorecard, Verlag Franz Vahlen, München, S. 277-297.

Bono, M. (2006):
NPO Controlling -Professionelle Steuerung sozialer Dienstleistungen-, Schäffer-Poeschel Verlag, Stuttgart.

Brühl, R. (2012):
Controlling -Grundlagen des Erfolgscontrollings-, 3. Aufl., Oldenbourg Verlag, München.

Dittmer, J./Kopf, H. (2011):
Effektiv arbeiten und transparent kommunizieren -Die zwei Kernaufgaben der Nonprofit Governance. Ein Vorschlag für ein Gesamtmodell-, in: Bangert, K. (Hrsg.): Handbuch Spendenwesen -Bessere Organisation, Transparenz, Kontrolle, Wirtschaftlichkeit und Wirksamkeit von Spendenwerken-, VS Verlag für Sozialwissenschaften, Wiesbaden, S. 45-56.

Ehrmann, H. (2007):
Kompakt Training Balanced Scorecard, 4. Aufl., Friedrich Kiel Verlag, Ludwigs-hafen.

Eschenbach, R./Horak, C. (2002):
Rechnungswesen und Controlling in NPOs, in: Badelt, C. (Hrsg.): Handbuch der Nonprofit Organisation -Strukturen und Management-, 3. Aufl., Schäffer-Poeschel Verlag, Stuttgart, S. 381-407.

Furtmüller, S. (2003):
Instrumente für das Rechnungswesen in NPOs, in: Eschenbach, R./Horak, C. (Hrsg.): Führung der Nonprofit Organisation -Bewährte Instrumente im prakti-schen Einsatz-, 2. Aufl., Schäffer-Poeschel Verlag, Stuttgart, S. 215-247.

Furtmüller, S. (2003):
Instrumente für das operative Controlling in NPOs, in: Eschenbach, R./Horak, C. (Hrsg.): Führung der Nonprofit Organisation -Bewährte Instrumente im prak-tischen Einsatz-, 2. Aufl., Schäffer-Poeschel Verlag, Stuttgart, S. 249-301.

Gladen, W. (2005):
Performance Measurement, 3. Aufl., Gabler-Verlag, Wiesbaden.

Gleich, R. (2001):
Das System des Performance Measurement, Verlag Franz Vahlen, München.

Haas, W. (2011):
Wozu sich spendensammelnde Organisationen selbst verpflichten sollten, in: Bangert, K. (Hrsg.): Handbuch Spendenwesen -Bessere Organisation, Transparenz, Kontrolle, Wirtschaftlichkeit und Wirksamkeit von Spendenwer-ken-, VS Verlag für Sozialwissenschaften, Wiesbaden, S. 142-148.

Haddad, T. (2003):
Instrumente für das strategische Management in NPOs, in: Eschenbach, R./Horak, C. (Hrsg.): Führung der Nonprofit Organisation -Bewährte Instrumen-te im praktischen Einsatz-, 2. Aufl., Schäffer-Poeschel Verlag, Stuttgart, S. 13-66.

Hahn, T. et al. (2002):
Wertorientiertes Nachhaltigkeitsmanagement mit der Sustainability Balanced Scorecard, in: Schaltegger, S./Dyllick, T. (Hrsg.): Nachhaltig managen mit der Balanced Scorecard -Konzept und Fallstudien-, Gabler-Verlag, Wiesbaden, S. 43-94.

Helmig, B. et al. (2006):
Nonprofit but Management, in: Helmig, B./Purtschert, R. (Hrsg.): Nonprofit-Management -Beispiele für Best-Practices im Dritten Sektor-, 2. Aufl., Gabler-Verlag, Wiesbaden, S. 1-20.

Helmig, B. et al. (2006):
Erfolgsfaktoren im Nonprofit-Management, in: Helmig, B./Purtschert, R. (Hrsg.):
Nonprofit-Management -Beispiele für Best-Practices im Dritten Sektor-, 2. Aufl.,
Gabler-Verlag, Wiesbaden, S. 351-359.

Horak, C. (1995):
Controlling in Nonprofit-Organisationen -Erfolgsfaktoren und Instrumente-, 2.
Aufl., Deutscher-Universitäts-Verlag GmbH, Wiesbaden.

Horak, C. (1995):
Besonderheiten des Controllings in Nonprofit-Organisationen (NPO), in:
Eschenbach, R. (Hrsg.): Controlling, Schäffer-Poeschel Verlag, Stuttgart, S.
600-608.

Horvàth, P. (2011):
Controlling, 12. Aufl., Verlag Franz Vahlen, München.

Horvàth, P. et al. (2012):
Controlling umsetzen -Fallstudien, Lösungen und Basiswissen-, 5. Aufl., Schäffer-Poeschel Verlag, Stuttgart.

Horvàth, P. et al. (2011):
Megatrends als Treiber der Zukunftssicherung des Controllings, in: Tiberius, V.
(Hrsg.): Zukunftsorientierung in der Betriebswirtschaftslehre, Gabler-Verlag,
Wiesbaden, S. 171-188.

Horvàth, P. et al. (2009):
Das Controlling-Konzept -Der Weg zu einem wirkungsvollen Controllingsystem-,
7. Aufl., Verlag C.H. Beck oHG, München.

Horvàth, P. et al. (2007):
Balanced Scorecard umsetzen, 4. Aufl., Schäffer-Poeschel Verlag, Stuttgart.

Isensee, J./Henkel, A. (2011):
Nachhaltigkeit als neues Ziel: Herausforderung und Lösungsansätze für das
Green Controlling, in: Gleich, R. et al. (Hrsg.): Challenge Controlling 2015 -
Trends und Tendenzen-, Haufe-Lexware Verlag, München, S. 133-152.

Kaplan, R./Norton, D. (1997):
Balanced Scorecard, Schäffer-Poeschel Verlag, Stuttgart.

Kurz, R. (2005):
Nachhaltigkeit: Grundlagen und Bedeutung für Unternehmen, in: von Bogus-
lawski, A./Ardelt, B. (Hrsg.): Sustainable Balanced Scorecard -Zukunftsfähige
Strategien entwickeln und umsetzen-, RKW-Verlag, Eschborn, S. 70-82.

Macharzina, K./Wolf, J. (2010):
Unternehmensführung. Das internationale Managementwissen -Konzepte-
Methoden-Praxis-, 7. Aufl., Gabler-Verlag, Wiesbaden.

Morganski, B. (2003):
Balanced Scorecard, 2. Aufl., Verlag Vahlen, München.

Müller, A. (2011):
Nachhaltigkeits-Controlling, uni-edition Verlag, Berlin.

Müller, A. (2009):
Grundzüge eines ganzheitlichen Controlling, 2. Aufl., Oldenbourg Verlag, München.

Müller, A. (2005):
Strategisches Management mit der BSC, 2. Aufl., Verlag W. Kohlhammer, Stuttgart.

Müller, A. (2002):
Controlling-Konzepte -Kompetenz zur Bewältigung komplexer Problemstellungen-, Verlag W. Kohlhammer, Stuttgart.

Preißner, A. (2011):
Balanced Scorecard anwenden -Kennzahlenunterstützte Unternehmenssteuerung- 4. Aufl., Hanser Verlag, München.

Quitt, A./Schulze, M. (2012):
Das Experten-Interview zum Thema "Balanced Scorecard" - Strategisches Controlling bei der Deutschen Welthungerhilfe e.V., in: Gleich, R. (Hrsg.): Balanced Scorecard -Best-Practice-Lösungen für die strategische Unternehmenssteuerung-, Haufe-Lexware Verlag, Freiburg, S. 13-22.

Sand, J. (2004):
Management mit Kennzahlen und Kennzahlensystemen. Bestandsaufnahme, Determinanten und Erfolgswirkungen, Deutscher Universitätsverlag, Wiesbaden.

Schäffer, U. (2003):
Strategische Steuerung mit der Balanced Scorecard, in: Freidank, C./Mayer, E. (Hrsg.): Controlling-Konzepte -Neue Strategien und Werkzeuge für die Unternehmenspraxis-, 6. Aufl., Gabler-Verlag, Wiesbaden, S. 485-517.

Schruff, L./Busse, J. (2011):
Die Informationspflicht zur Spendenverwendung -Die Rechnungslegung spendensammelnder Organisationen als Informations- und Kontrollinstrument für Spender-, in: Bangert, K. (Hrsg.): Handbuch Spendenwesen -Bessere Organisation, Transparenz, Kontrolle, Wirtschaftlichkeit und Wirksamkeit von Spendenwerken-, VS Verlag für Sozialwissenschaften, Wiesbaden, S. 81-91.

Schwarz, P. (2005):
Organisation in Nonprofit-Organisationen, Haupt Verlag, Bern-Stuttgart-Wien.

Schwien, B. (2009):
Ganzheitliche Unternehmensführung in Nonprofit-Organisationen, Schäffer-Poechel-Verlag, Stuttgart.

Sure, M. (2009):
Moderne Controlling-Instrumente, Verlag Vahlen, München.

Vollmuth, H. (2003):
Controlling-Instrumente von A-Z, 6. Aufl., Haufe Verlag, München.

Weber, J. et al. (2012):
Die zehn Zukunftsthemen des Controllings -Innovationen, Trends und Heraus-forderungen-, WILEY-VCH Verlag, Weinheim.

Weber, J. et al. (2012):
Nachhaltigkeit und Controlling, WILEY-VCH Verlag, Weinheim.

Weber, J. et al. (2006):
Erfahrungen mit der Balanced Scorecard Revisited, WILEY-VCH Verlag, Wein-heim.

Weber, J./Schäffer, U. (2000):
Balanced Scorecard & Controlling, 3. Aufl., Gabler-Verlag, Wiesbaden.

Waniczek, M./Werderits, E. (2006):
Sustainability Balanced Scorecard -Nachhaltigkeit in der Praxis erfolgreich ma-nagen - mit umfangreichem Fallbeispiel-, Linde Verlag, Wien.

Zauner, A. (2002):
Über Solidarität zu Wissen. Ein systemtheoretischer Zugang zu Nonprofit Orga-nisationen, Badelt, C. (Hrsg.): Handbuch der Nonprofit Organisation -Strukturen und Management-, 3. Aufl., Schäffer-Poeschel Verlag, Stuttgart, S. 153-177.

II. Zeitschriftenartikel

Arnold, W. et al. (2003):
Sustainable Balanced Scorecard (SBS): Integration von Nachhaltigkeitsaspekten in das BSC-Konzept, in: ZfCM, 47. Jg. (2003), Heft 6, S. 391-400.

Asen, P./Wiesehahn, A. (2011):
Fuhrparkcontrolling zwischen nachhaltiger Mobilitätssicherung und praktischen Steuerungsanforderungen -Dynamic Carbon Accounting als Instrument des Fuhrparkcontrollings-, in: Controller Magazin, 36. Jg. (2011), Ausgabe 6, S. 42-47.

Chouinard, Y. et al. (2011):
Rendite ohne Reue, in: Harvard Business Manager, 33. Jg. (2011), Ausgabe 12, S. 67-82.

Faupel, C./Stremmel, F. (2011):
Berücksichtigung von Nachhaltigkeit im Rahmen einer wertorientierten Unternehmensführung, in: ZfCM, 55. Jg. (2011), Heft 5, S. 299-304.

Fischer, T. et al. (2010):
Nachhaltige Unternehmensführung als Herausforderung für das Controlling, in: Controlling, 22. Jg. (2010), Heft 4/5, S. 222-230.

Hensberg, C. (2011):
Auswahl von Balanced-Scorecard-Kennzahlen unter kommunikativen Aspekten, in: ZfCM, 55. Jg. (2011), Heft 1, S. 40-44.

Mörgeli, S./Schwab, A. (2011):
BSC im Schweizerischen Tropen- und Public Health-Institut -Entwicklung und Implementierung einer Balanced Scorecard-, in: Controller Magazin, 36. Jg. (2011), Ausgabe 3, S. 86-92.

Ries, A./Wehrum, K. (2011):
Determinanten eines integrativen Nachhaltigkeitsmanagements und -controllings, in: Controller Magazin, 36. Jg. (2011), Ausgabe 2, S. 26-30.

Schäffer, U. (2011):
Nachhaltigkeit und Controlling: Drei Herausforderungen für die Unternehmenspraxis, in: Controller Magazin, 36. Jg. (2011), Ausgabe 6, S. 81-84.

Weber, J. et al. (2010):
Nachhaltigkeit: Relevant für das Controlling?, in: ZfCM, 54. Jg. (2010), Heft 6, S. 395-400.

III. Internetquellen

Brot für die Welt (Hrsg.) (2011):
Jahresbericht 2010, Online im Internet: http://www.brot-fuer-die-welt.de/downloads/ueber-uns/jahresbericht_2010.pdf, [13.05.2012].

DRK (Hrsg.) (2011):
Jahrbuch 2010-365 Tage zugehört, Online im Internet:
http://www.drk.de/fileadmin/Ueber_uns/_Dokumente/DRK_Jahrbuch%202010_Online.pdf, [13.05.2012].

Schaltegger et al. (2007):
Zentrale Herausforderungen unternehmerischer Nachhaltigkeit, in:
BMU/econsense/CSM (Hrsg): Nachhaltigkeitsmanagement in Unternehmen,
Online im Internet:
http://www2.leuphana.de/umanagement/csm/content/nama/downloads/pdf-dateien/publikationen-download/studie_2007_downloadversion.pdf,
[13.05.2012].

Stiftung st. franziskus heiligenbronn (Hrsg.) (2011):
Jahresbericht 2010, Online im Internet: http://www.stiftung-st-franziskus.de/uploads/tx_ssfhinfomat/jahresbericht_2010.pdf, [13.05.2012].

Unicef (Hrsg.) (2011):
Geschäftsbericht 2010, Online im Internet:
http://www.unicef.de/fileadmin/content_media/transparenz/geschaeftsbericht-2010/Geschaeftsbericht-2010-gesamt.pdf, [13.05.2012].

Ustorf, A. (2011):
Arbeiten bei Hilfsorganisationen-Nichts für Sozialromantiker, in: Süddeutsche.de, 06.03.2011, Online im Internet:
http://www.sueddeutsche.de/karriere/arbeiten-fuer-hilfsorganisationen-nichts-fuer-sozialromantiker-1.1068150, [13.05.2012].

Welthungerhilfe (Hrsg.) (2011):
Jahresbericht 2010, Online im Internet:
http://www.welthungerhilfe.de/fileadmin/media/pdf/jahresbericht/Welthungerhilfe_Jahresbericht2010.pdf, [13.05.2012].

Worldvision (Hrsg.) (2011):
Jahresbericht 2010, Online im Internet:
http://www.worldvision.de/_downloads/allgemein/wvd_jahresbericht.pdf,
[13.05.2012].

Anhang

Anhang 1: Diskontinuitätenkatalog

Diskontinuitätenkatalog

Bereiche	Diskontinuitäten
Politik	– deutsche Wiedervereinigung, Zerfall des Realsozialismus – Verhältnis zwischen Israelis und Palästinensern – Zusammenbruch alter Bündnisse (zum Beispiel Libyen/ Ägypten) – zunehmende regionale Kriege (zum Beispiel Falkland, Golfkrieg, Jugoslawien, Tschetschenien, Irak) – nationalstaatlich oder ideologisch motivierte Enteignungen (zum Beispiel Ölunternehmen in den Golfstaaten) – Aufkommen „grüner Parteien" in europäischen Ländern – Terrrorismus (11. September 2001) – Aufkommen der Linkspartei und Bildung neuer Koalitionen
Wirtschaft	– Öffnung der osteuropäischen Märkte – Zahlungsunfähigkeit von Entwicklungsländern – gesetzliche Beschränkungen des freien Marktzugangs (zum Beispiel Japan: Kraftfahrzeuge) – Währungsschwankungen – Immobilien-, Bankenkrise und Weltwirtschaftskrise 2008/10
Ökologie/ Energieversorgung	– dramatisches Ansteigen von Schadstoffen – Umweltkatastrophen (zum Beispiel Bhopal, Seveso, Tschernobyl, diverse Öltanker) – vorübergehender Zusammenbruch des Opec-Kartells, Verfall der Rohölpreise – Hurricane Katrina
Technologie	– Entwicklung des Personal Computers – Entwicklung künstlicher Intelligenz – Aufbau von Datenkommunikationsinfrastrukturen (Internet, Intranet) – Mobile Datenübertragung mittels PDA
Kognitive Orientierung	– Wandel der Einstellungen (postmaterialistische sowie individualistische Werte) in westlichen Industrieländern – zunehmender Fundamentalismus in der islamischen Welt

Quelle: Macharzina/Braun (2010), S. 380.

Anhang 2: Systeme, Konzepte und Instrumente zur Begegnung der vier Nachhaltigkeitsherausforderungen

Systeme/Konzepte und Instrumente	Nachhaltigkeitsherausforderungen			
	Ökologische Herausforderung *Öko-Effektivität*	Soziale Herausforderung *Sozio-Effektivität*	Ökonomische Herausforderung *Öko-Effizienz/Sozio-Effizienz*	Integrationsherausforderung *Integration*
Systeme/Konzepte				
Anreizsysteme	●● A	●	●● A	
Arbeitszeitmodelle		●● A	● A	●
Balanced Scorecard	●	●	●●	●●
Betriebl. Umweltinformationssystem	●● A		●	
Corporate Citizenship	●	●● A	●	
Corporate Social Responsibility	●	●● A	●	●
Design	●●		●	
Nachhaltigkeitsmanagementsysteme	●● A	●●	●	●● A
Qualitätsmanagementsysteme	●	●	● A	●● A
Supply Chain Management	●●	●●	●●	●
Instrumente				
ABC-Analyse	●● A	●●	●●	
Audit	●● A	●●	●	●
Benchmarking	●●	●●	●●	
Bericht	● A	●● A	●	● A
Bilanz	●● A	●	●●	
Budgetierung	●●		●●	●
Checkliste	●● A	●	●	●
Corporate Volunteering	●	●● A	●	
Cross-Impact-Analyse	●●	●	●	
Dialoginstrumente	●	●● A	●	●
Effizienz-Analyse	●	●	●●	●●
Emissionszertifikatehandel	●●		●●	
Früherkennung	●	●	●	●●
Indikator	●● A	●● A	●● A	●●
Investitionsrechnung	●		●●	●
Kompass	●●		●	
Kostenrechnung	●		●●	●
Label	●● A	●●	●	●
Leitbild	● A	● A	● A	● A
Material- u. Energieflussrechnung	●●		●	
Produktlinienanalyse	●●	●●	●	●
Rating	●●	●●	●●	●
Risikoanalyse	● A	●	● A	
Shareholder Value			●●	
Sponsoring	●●	●● A	●● A	●
Stakeholder Value		●	●●	
Szenarioanalyse	●	●	●	●
Vorschlagswesen	●	●● A	● A	●
Weiterbildung	●	●● A	● A	●
Zirkel	● A	●	● A	●

Quelle: Schaltegger et al. (2007), S. 19.

Anhang 3: Konzept zur Einführung einer Scorecard

Bestimmung der Unternehmensvision, von Zielen und Strategien (Unternehmens-, Sparten-, Funktionsbereichsebene)

– Welches ist die Philosophie, Vision des Unternehmens? Welche Marktposition soll erreicht werden?
– Welche Strategien werden verfolgt?
– Wie soll sich die Position am Markt von der der Wettbewerber unterscheiden?

Workshop mit Führungskräften, Dauer: 1 – 2 Tage
Vor- und Nachbereitung: 1 – 2 Monate
Leitung: Projektmanager, jeweilige Bereichsleitung, Geschäftsleitung

SWOT-Analyse

– Welche Stärken hat das Unternehmen/die Sparte/der Funktionsbereich?
– Wo liegen die Schwächen?
– Welche Chancen bieten sich aufgrund der Stärken und des Marktumfelds?
– Welche Herausforderungen stehen Unternehmen/Sparte/ Funktionsbereich gegenüber?

vorbereitende Analyse in den Abteilungen/bei der Geschäftsleitung, Zeitrahmen: 1 – 2 Monate
Zusammenfassung in Workshop, Dauer: 1 Tag
Leitung: Projektmanager

Bestimmung der Erfolgsfaktoren

– Welche sind unsere relevanten Erfolgsgrößen?
– Welche Vorgehensweisen und Entscheidungen führen in den jeweiligen Bereichen zum Geschäftserfolg?
– Welche Prozesse verschaffen uns eine herausragende Stellung am Markt?
– Mit welchen Instrumenten können wir uns deutlich vom Wettbewerb abheben?

ggf. mit SWOT-Analyse zusammen zu bearbeiten, sonst: Workshop, Dauer: je nach Verantwortungsbereich 1 – 2 Tage
Leitung: Projektmanager

Bestimmung der Perspektiven für die Balanced Scorecard

– Mit welchen Perspektiven können die Erfolgsfaktoren und Instrumente abgebildet werden?
– Wie viele Perspektiven werden benötigt?
– Sind die gewählten Perspektiven geeignet, die nötigen Verbindungen zu anderen Scorecards des Unternehmens herzustellen?

Workshop mit breit angelegtem Führungskreis des Unternehmens, Dauer: 1 Tag
stringentes Projektmanagement erforderlich

Übersetzung von Zielgrößen der Unternehmensscorecard für die untergeordnete Scorecard

– Welche Variablen müssen abgebildet werden, um die übergeordneten Steuerungsgrößen anzuwenden?
– Welche Zielwerte ergeben sich aus diesen Vorgaben?

wie oben, als Fortsetzung des Workshops, Dauer: 1 Tag
Leitung: Projektmanager

Auswahl und Definition der einzelnen Kennzahlen

– Welche Kennzahlen werden für die einzelnen Perspektiven benötigt? Stehen sie in einer Kausalbeziehung zueinander?
– Wie sind sie zu definieren, wer ist für die Überwachung verantwortlich?
– Welche Zielvorgaben sind bei diesen Kennzahlen sinnvoll?

Projektgruppe (Verantwortliche der betroffenen Abteilungen, Projektmanager)
Dauer: je nach Unternehmensgröße 1 – 3 Monate in den betroffenen Abteilungen/Ebenen
Abschluss: Workshop mit Führungskreis, Dauer: 1 Tag

Ableitung untergeordneter Scorecards

– Festlegung, für welche Einheiten innerhalb des
Unternehmens weitere Scorecards erforderlich sind
(Abteilungen, Vertriebsverantwortliche usw.)?
– Abstimmung der individuellen Kennzahlen
und Zielwerte auf die Unternehmensscorecard.

Projektgruppe (Verantwortliche der betroffenen Abteilungen,
Projektmanager)
Dauer: 2 – 3 Monate

Implementierung der Balanced Scorecard

– Entwicklung eines umfassenden Konzepts zur Umsetzung
der Scorecard (Zeitplan, Aufgabenverteilung).
– Konzeption von Schulungen und Abstimmungsprozessen.
– Festlegung der Verantwortlichkeiten für Umsetzung,
Kontrolle und Berichterstattung.

Projektmanager in Abstimmung mit Projektgruppenmitgliedern
und Führungskreis
kontinuierliche Aufgabe, mindestens 6 Monate

Quelle: Preißner (2011), S. 61 ff.

Anhang 4: Kennzahlen zu verschiedenen Perspektiven der BSC

Finanzen

Kennzahl	Definition	Erklärung
Umsatz	Preis · Menge	Kann als Größe des Markterfolgs eingesetzt werden. Vor allem zur Unterstützung von Wachstumszielen. Auch Grundlage für Marktanteilsziele. Im Zeitvergleich als Umsatzwachstumsrate.
Umsatzrendite	$\dfrac{\text{Betriebsergebnis} \cdot 100}{\text{Umsatz}}$	Auch Return on Sales genannt. Maßgröße für den Erfolg der betrieblichen Tätigkeit. Geeignet als Vergleichsmaßstab über die Zeit, mit einzelnen Sparten des Unternehmens oder mit anderen Unternehmen.
Kostenanteil	$\dfrac{\text{Kosten für bestimmte Funktionen}}{\text{Gesamtkosten bzw. Gesamtumsatz}}$	Dient der allgemeinen Kostenkontrolle. Nur bedingt aussagefähig, weil Qualitätswirkung bzw. Auswirkung auf andere Kostenarten nicht berücksichtigt wird.
Jahresüberschuss	Umsatz − Kosten − Zinsen − Steuern	Zentrale Erfolgsgröße für das Gesamtunternehmen, Grundlage für Renditekennzahlen.
Kunden-/Produkt-/ Sparten-/ Deckungsbeitrag	Erlös − zurechenbare Kosten = Deckungsbeitrag	Leicht zu ermittelnde Erfolgsgröße, berücksichtigt nur variable und Einzelfixkosten. Auf Kunden, Produkte, organisatorische Einheiten zu beziehen.
Deckungsbeitragsrate	$\dfrac{\text{Deckungsbeitrag} \cdot 100}{\text{Umsatz}}$	Als Ersatzgröße für die Umsatzrendite einsetzbar. Maßstab der Profitabilität von Entscheidungsbereichen.
Eigenkapitalrentabilität	$\dfrac{\text{Jahresüberschuss} \cdot 100}{\text{Eigenkapital}}$	Gibt die Verzinsung des Eigenkapitals an. Rendite der Eigentümer.
Gesamtkapitalrentabilität	$\dfrac{(\text{Jahresüberschuss} + \text{Fremdkapitalzinsen}) \cdot 100}{\text{Gesamtkapital}}$	Ermittelt die Verzinsung des Gesamtkapitals an. Auch: Return on Investment.
Kapitalumschlagshäufigkeit	$\dfrac{\text{Umsatz}}{\text{Gesamtkapital}}$	Gibt an, wie effizient das Kapital im Unternehmen eingesetzt wird.

Cashflow allgemein	Zahlungswirksame Veränderung des Finanzmittelfonds bzw. Einzahlungen minus Auszahlungen einer Periode	Maßgröße der Finanzkraft aus der laufenden Betriebstätigkeit. Berücksichtigt nicht nur die *liquiden* Mittel, sondern alle *finanziellen* Mittel.
Cashflow-Näherungsformel	Jahresüberschuss + Abschreibungen + Zuführungen zu Rückstellungen = Cashflow	Einfache Variante, in der Praxis häufig verwendet. Leicht manipulierbar über die Bemessung der Abschreibungen.
EVA (Economic Value Added)	(Kapitalrendite – Kapitalkostensatz) · investiertes Kapital = EVA bzw. (NOPAT/investiertes Kapital – WACC) · investiertes Kapital = EVA	EVA ist eine Residualgröße. Er zeigt, wie viel über die Deckung der Kapitalkosten hinaus mit dem investierten Kapital verdient wurde. EVA misst die Wertsteigerung in einer Periode, und zwar im Nachhinein. Er ist auch als Alternative/Konkurrenz zum Shareholder-Value zu verstehen, der zukunftsorientiert mit Schätzgrößen arbeitet. Bezugsgröße ist hier immer eine Periode.

Kunden

Kennzahl	Definition	Erklärung
Kundenzufriedenheit	Anteil der zufriedenen Kunden an allen Kunden bzw. erreichter Zufriedenheitsindexwert	Allgemeiner Maßstab für den Erfolg, bezieht Leistung, Preis, Betreuung usw. mit ein. Hohe Kundenzufriedenheit führt meist zu hoher Profitabilität. Als Global- („Wie zufrieden sind Sie?") oder Detailurteil (z.B. „Ist die Leistung unseres … besser als die des Wettbewerbers …?").
Neukundenanteil	$\dfrac{\text{Umsatzvolumen der Neukunden}}{\text{Gesamtumsatz}}$	Ermittelt die Bedeutung neuer Kunden für den Umsatz, gilt als Attraktivitätsmaßstab für das Unternehmen. Hoher Neukundenanteil kann aber auch auf Unzufriedenheit der alten Kunden hindeuten.
Stammkundenanteil	$\dfrac{\text{Umsatzvolumen regelmäßiger Kunden}}{\text{Gesamtumsatz}}$	Profitabilitäts- und Zufriedenheitsindikator, da Stammkunden keine Akquisition erfordern und zufrieden sind.

Empfehlungs-kundenanteil	Anzahl/Umsatz der Kunden, die auf Empfehlung kaufen / Gesamtzahl der Kunden/Gesamtumsatz	Empfehlungskunden sind solche, die von anderen Kunden angeworben wurden. Sie werden als Zeichen für eine hohe Kundenzufriedenheit gewertet. Außerdem sind sie meist profitabler, weil sie keine Akquisitionskosten verursachen.
A-, B-, C-, Geschäftskunden-anteil	Anzahl/Umsatz der A- usw. Kunden / Gesamtumsatz/Zahl der Kunden gesamt	Im Hinblick auf Profitabilität und Risiken werden Anteile wichtiger Kundengruppen ermittelt. Können als Vorgabe für Außendienst eingesetzt werden.
Churn Rate	Anzahl der Vertragskündigungen im letzten Jahr / Anzahl der Verträge (aktueller Bestand)	Stellt die Verlustrate bei vertraglichen Kundenbeziehungen dar. Wichtig bei hohen Anfangsinvestitionen in Kundenbeziehung. Indikator der Kundenzufriedenheit.
Angebots-inanspruchnahme	Anzahl in Anspruch genommener Angebote (auch Nebenleistungen)	Misst die Intensität der Kundenbeziehung über das Interesse an Schulungen, Beratung, Klubs usw., die der Verkäufer anbietet.
Kauffrequenz	durchschnittliche Kaufhäufigkeit	Indikator für die Intensität der Kundenbindung und für die Wahrscheinlichkeit weiterer Käufe. Vor allem für Einzelkunden geeignet.

Interne Prozesse: Marketing/Vertrieb

Kennzahl	Definition	Erklärung
Vertriebskostenanteil	Vertriebskosten / Gesamtkosten	Indikator für Erfolgsträchtigkeit eines Produkts oder des Sortiments (hoher Vertriebskostenanteil deutet auf Wettbewerbsnachteil hin). Dient der Kostenkontrolle im Vertrieb.
Stornoquote	Volumen der stornierten Aufträge / Gesamtumsatz	Indikator für unangemessene Vertriebsmethoden (Überrumpelung durch Außendienst), unklare Vertragsbedingungen oder auch nachträgliche „Kampfangebote" durch Wettbewerber.
Angebotszeit	Durchschnittliche Dauer der Angebotserstellung	Misst die Schnelligkeit des Vertriebs. Wartezeit auf Angebote ist häufig ein Grund für Auftragsverluste.
Angebots-/Auftrags-struktur	Volumen der Angebote/Aufträge im Bereich ... / Gesamtangebots-(auftrags)volumen	Misst die Zusammensetzung der Anfragen bzw. Aufträge nach Bereichen wie Kundensegmenten, Ländern, Branchen. Ist ein Indikator für Veränderungen im Markt.
Besuchseffizienz	Anzahl der akquirierten Aufträge / Anzahl der Kundenbesuche	Maß der Effizienz des Außendienstes. Unter anderem lassen sich Leistungsunterschiede feststellen.

Marktanteil	$\dfrac{\text{eigener Umsatz in der Produktgruppe}}{\text{Gesamtumsatz der Produktgruppe}}$	Maßzahl für den relativen Erfolg; Indikator für Marktmacht; auf Produkte oder Unternehmen zu beziehen. Gegebenenfalls auch in der Finanzperspektive einzusetzen.
Innovationsgrad des Sortiments	$\dfrac{\text{Umsatz der bis 1 od. 2 Jahre alten Produkte}}{\text{Gesamtumsatz des Sortiments}}$	Hinweis auf mögliche Überalterung des Sortiments; gilt üblicherweise als Erfolgsgröße, kann aber auch hohe Kosten (Unterstützung der Produkte) bedeuten. Sollte auf die Elimination von alten Produkten abgestimmt werden.
Lost-Order-Rate	$\dfrac{\text{Anzahl der verlorenen Aufträge}}{\text{Anzahl der akquirierten Aufträge}}$	Mithilfe der Lost-Order-Rate, die nach Verlustgründen spezifiziert werden sollte, lassen sich Fehler in der Vorklärungs-/Abwicklungsphase kontrollieren.
Netto-Reichweite	Zahl der einfachen Kontakte mit einem Werbemittel in der Zielgruppe	Einfache Steuerungsgröße für den Werbeeinsatz. Jede erreichte Person wird nur einmal erfasst. Sind auch Mehrfachkontakte erwünscht, kann die Brutto-Reichweite verwendet werden.
Distributionsgrad	$\dfrac{\text{Anzahl (Umsatz) der Geschäfte, die ein Produkt führen}}{\text{Anzahl (Umsatz) der Geschäfte, die ein Produkt führen könnten}}$	Erfolgsgröße für den Vertrieb, beschreibt das Absatzpotenzial, keine realen Umsätze.

Lernen und Entwicklung

Kennzahl	Definition	Erklärung
Mitarbeiterzufriedenheit	Zufriedenheitsindex bzw. Anteil zufriedener Mitarbeiter	Indikator für die Qualität der Führung und die Motivation der Mitarbeiter. Führt zu hoher Leistungsbereitschaft und geringer Fluktuation.
Mitarbeiterinvolvement	subjektiv zu definierender Index	Involvement misst das Engagement für das eigene Unternehmen. Hierzu zählen Arbeitseinsatz, Beteiligung an Aktionen, Kreativität.
Wissensstand	Ausmaß des vorhandenen Fachwissens (in % des angestrebten Niveaus)	Steuert vor allem die Verbreitung relevanten Wissens über die Ebenen. Dazu gehören Produktkenntnisse, Teilnahme an Fachveranstaltungen, Bildungsstand.
Innovationsverhalten	Zahl der Verbesserungsvorschläge pro Mitarbeiter und Jahr	Verbesserungsvorschläge sind Indikatoren innovativen Verhaltens. Problem: Interpretation ist abhängig vom Anreizniveau (Prämiensystem).
Stand Wissensmanagement	Ausbaustand des Wissensmanagements (in % des angestrebten Niveaus)	Erfasst z. B. den Aufbau der Wissensdatenbank, die Zahl der angeschlossenen Mitarbeiter, die Menge an verfügbaren Informationen.

Umfang der Kundendatenbank	Ausbaustand der Kundendatenbank (in % des angestrebten Umfangs)	Erfasst z. B. den Anteil der enthaltenen Kunden oder den Anteil der bereits berücksichtigten Kriterien.
Arbeitgeberattraktivität	$\dfrac{\text{Anzahl der Initiativbewerbungen}}{\text{Gesamtzahl der Bewerbungen}}$	Indikator für den Ruf des Unternehmens auf dem Arbeitsmarkt und damit den Zugang zu hoch qualifizierten Arbeitskräften.
Kundennähe	Anzahl der Kundenkontakte pro Mitarbeiter und Monat	Auch über die mit Kunden verbrachte Zeit zu definieren. Vor allem in Vertrieb, Marketing und Entwicklung wichtig.
Kommunikationsintensität	Anzahl der abteilungsübergreifenden Besprechungen	Indikator der Koordinationsintensität und -fähigkeit.
Marktdatennutzung	Umfang der Nutzung von Marktdaten	Schwer zu operationalisieren, weil unternehmensindividuell zu bestimmen. Deutet auf hohe oder zu geringe Marktorientierung hin.

Quelle: Preißner (2011), S. 66 ff..

Anhang 5: Überblick über empirische Forschungen zur BSC

Autor (Jahr)	Grundgesamtheit	Inhaltlicher Schwerpunkt
Horváth & Partners (2005)	Balanced-Scorecard-Anwender in Deutschland, Österreich, Schweiz, 120 Teilnehmer	Umfassende Analyse der Ausgestaltung der Balanced Scorecard in der Unternehmenspraxis
Henseler, J., Jonen, A., Lingnau, V. (2004)	Alle in Deutschland notierten Aktiengesellschaften 116 Teilnehmer	Rolle des Controllings bei der Ein- und Weiterführung der Balanced Scorecard
Horváth & Partners (2003)	Balanced-Scorecard-Anwender in Deutschland, Österreich, Schweiz, 110 Teilnehmer	Umfassende Analyse der Ausgestaltung der Balanced Scorecard in der Unternehmenspraxis
Speckbacher, G., Bischof, J. (2003)	DAX 100: 89 Teilnehmer ATX: 42 Teilnehmer 50 größte schweizer Unternehmen: 42 Teilnehmer	Untersuchung des Verbreitungsgrads und der praktischen Ausgestaltung von Balanced Scorecards
Bain & Comp. (laufend)	internationale Großunternehmen, n=708 (im Jahr 2003)	Anwendungsgrad und Zufriedenheit der Anwender mit verschiedenen Managementkonzepten
BankBetriebs Wirtschaft (2002)	163 deutsche Kreditinstitute	Balanced-Scorecard-Verwendungs- und Planungsaktivitäten
Gilles, M. (2002)	70 Balanced-Scorecard-Anwenderunternehmen	Erfolgsfaktoren, Praktikabilität und Effizienz der Balanced Scorecard in der Praxis
Lawson, R., Stratton, W. (2002)	Unternehmen aus den USA, 150 Teilnehmer	Nutzen der Anwendung und Gründe für die Einführung
Price Waterhouse Coopers / Wibera (2002)	88 Verkehrs- und 142 Versorgungsunternehmen	Stand der Balanced-Scorecard-Anwendung in der Versorgungswirtschaft
Wieselhuber & Partner (2002)	78 mittelständische Unternehmen des verarbeitenden Gewerbes in Deutschland	Allgemeine Untersuchung des Anwendungsstands im Mittelstand
Deloitte & Touche (2001)	Internationale Befragung von 1000 Groß- und mittelständischen Unternehmen	Nutzungsrate und Implementierungsrate der Balanced Scorecard

Autor (Jahr)	Grundgesamtheit	Inhaltlicher Schwerpunkt
Horváth & Partners (2001)	Balanced-Scorecard-Anwender in Deutschland, Österreich, Schweiz, 103 Teilnehmer	Umfassende Analyse der Ausgestaltung der Balanced Scorecard in der Unternehmenspraxis
IDS Scheer (2001)	2632 zufällig ausgewählte Unternehmen, 159 Teilnehmer, davon 22 Balanced-Scorecard-Anwender	Untersuchung des Verbreitungsgrads und der praktischen Ausgestaltung von Balanced Scorecards
Price Waterhouse Coopers (2001)	Top 200 Unternehmen in Deutschland nach Umsatz 1998, 59 Teilnehmer	Allgemeine Untersuchung des Anwendungsstands
Bischof, J. (2001)	DAX 100: 89 Teilnehmer	Untersuchung des Verbreitungsgrads und der praktischen Ausgestaltung von Balanced Scorecards
FH Trier (2001)	129 umsatzstärkste Unternehmen in Deutschland	Allgemeine Untersuchung des Anwendungsstands
Günther, T., Grüning, M. (2000)	942 Unternehmen, 181 Teilnehmer, 38 Balanced-Scorecard-Anwender	Performance-Measurement-Systeme im praktischen Einsatz (Verbreitungsgrad der Balanced Scorecard)
Speckbacher, G., Bischof, J. (2000)	DAX 100: 93 Teilnehmer	Untersuchung des Verbreitungsgrads und der praktischen Ausgestaltung von Balanced Scorecards
FH Trier, IDS Scheer AG (2000)	159 Unternehmen in D/A/CH	Balanced-Scorecard-Verwendungs- und Planungsaktivitäten
Towers Perrin (1996)	60 Balanced-Scorecard-Anwender	Anwendungsstand der Balanced Scorecard

Quelle: Horvàth et al. (2007), S. 10 f..

Anhang 6: Auszug aus dem Leitbild der ssfh

Auszug aus dem Leitbild der ssfh:

Unser Auftrag

Kindern und Jugendlichen, sinnesbehinderten, alten und pflegebedürftigen Menschen und deren Familien bieten wir Hilfen in folgenden Bereichen an:

- Erziehung,
- Förderung,
- schulische und berufliche Ausbildung,
- Beschäftigung,
- Betreuung,
- Pflege,
- Wohnen,
- Freizeitgestaltung,
- Beratung,
- Therapie …

Unser Auftrag gründet in der Botschaft des Evangeliums von der Liebe Gottes zu allen Menschen. …

Christliches Menschenbild

… Das christliche Menschenbild hat für uns auch eine politische Dimension.

Grundgesetz der Bundesrepublik Deutschland

Grundgesetz-Artikel 1: »Die Würde des Menschen ist unantastbar.« …

Ganzheitlichkeit des Menschen in jeder Lebensphase

Es geht immer um den ganzen Menschen. …

Leitung

Die Leitung in der stiftung st. franziskus heiligenbronn versteht sich als Wegbereiter für eigenverantwortliches Handeln ihrer MitarbeiterInnen.

Wir praktizieren einen kooperativen Führungsstil:

- Klare Zielvereinbarungen sowie Delegation von Kompetenzen und Verantwortung ermöglichen und stärken eigenverantwortliches Handeln.
- Die MitarbeiterInnen werden über die Entwicklungen in unseren Einrichtungen informiert und an Entscheidungsfindungen in ihrem Arbeitsfeld beteiligt.
- Transparenz und Information fördern die Motivation der MitarbeiterInnen.
- Die geleistete Arbeit ist an den Zielen der Stiftung zu messen.
- Die MitarbeiterInnen erhalten Rückmeldung über ihre geleistete Arbeit.

Wirtschaftlichkeit

Die stiftung st. franziskus heiligenbronn ist ein Unternehmen der Sozialwirtschaft. Durch ökonomisches Handeln wird der langfristige Bestand und Erfolg der Einrichtungen gesichert. Damit wird die Wahrnehmung sozialer Verantwortung für die Menschen, die in den Einrichtungen leben, lernen und arbeiten, gewährleistet. … Wirtschaftliches Handeln hat gegenüber dem Grundauftrag der Stiftung eine dienende Funktion. …

Ausblick

… Das Leitbild selber wollen wir anhand unserer Erfahrungen im Alltag regelmäßig kritisch prüfen und bei Bedarf überarbeiten.

Quelle: Schwien (2009), S. 96.

Anhang 7: Beispiel „Pflegeleitbild" für die Strategie in der Altenhilfe

Leitbild	Wir schaffen Lebensräume und Lebensmöglichkeiten, die den Menschen Orte zum Wohlfühlen … geben … Wir wollen die betroffenen Menschen befähigen … Wir handeln innovativ … Die Stiftung entwickelt sich weiter …
BSC Kundenperspektive	– Obige Punkte aus der Kundenperspektive im Text (S. 101). – Beobachtungsbereich »*Orientierung am Hilfebedarf*«; *Ursache:* Inhalt, Umfang und Qualität orientiert sich nicht am individuellen Hilfebedarf *Indikator:* Kunden-/Mitarbeiterunzufriedenheit *Auswirkung:* Zu große Gruppen, zu wenig individuelle Angebote *Mögliche Maßnahmen:* Konzeptionelle Anpassung, Steuerung
Pflegeleitbild[277]	Offenheit, Ehrlichkeit und gute Zusammenarbeit mit allen Berufsgruppen in unserem Haus sind Grundvoraussetzungen unserer Arbeit. … Es ist uns ein wichtiges Anliegen, mit den Bewohner/innen und deren persönlichem Umfeld vertrauensvoll zusammenzuarbeiten.
Aufgabenfeld Altenhilfe Strategieübersicht 2007–2011[278]	*Pflegeleitbild und Pflegekonzept*: Enthält die pflegeleitenden Hauptgedanken. Das Pflegeleitbild und Pflegekonzept ergänzen sich gegenseitig und nehmen sowohl das Pflegemodell nach Monika Krohwinkel, die Schnittstellengestaltung zur Hauswirtschaft, die besondere Betreuung dementiell erkrankter Menschen sowie die Umsetzung des Individualitätsanspruchs und den Anspruch auf Selbstbestimmung Bezug.
Leitung	Pflegestandards (Expertenstandards) sind überarbeitet. …
Regionalleitung	Erarbeitung und Begleitung der Umsetzung der nationalen Expertenstandards in einem fortlaufenden Prozess (Ende mit dem vorläufig letzten Standard »Harninkontinenz« Juni 2009). …
Hausleitung	Implementierung der Expertenstandards innerhalb der Teamsitzungen auf den einzelnen Wohngruppen. …
Expertin: Pflegebezugskraft	Durchführung von innerbetrieblichen Schulungen (monatlich) zum Thema Expertenstandards innerhalb der Bezugspflegegruppe. …
Mitarbeiter/in Bezugspflegegruppe	Alle Mitarbeiter sind im Bereich Expertenstandards geschult. Jeder Mitarbeiter ist in der Lage, fünf Fragen zu jedem Expertenstandard zu beantworten. …

Quelle: Schwien (2009), S. 102.

Anhang 8: Beispiel Monatsbericht Altenhilfe der ssfh

Bezeichnung	Zeilennummer	Planansatz 2009	Ist lfd. Monat bis 04.2009	Plan lfd. Monat bis 04.2009	Abweichung
A. Erträge	104				
I. Erträge aus Leistungen	106				
1. Entgelterträge	108				
a.) Pflege, Betreuung, Erzeihg	109				
Entgelt für Pflegeleistungen	110	752.000	242.546	250.667	8.121-
Summe	229	752.000	242.546	250.667	8.121-
b) Entgelte Unterk.u.Verpfleg	230	255.000	82.750	85.000	2.250-
Summe	239	255.000	82.750	85.000	2.250-
c)Erträge Zusatzl.u. Transport	240				
Entgelte Zusatzleistungen	242	0	0	0	0
Summe	246	0	0	0	0
d) Entgelte Bere. Investitions	250	126.000	41.453	42.000	547-
Summe	251	126.000	41.453	42.000	547-
Summe Entgelterträge	259	1.133.000	366.748	377.667	10.918-
II.Zuweisung/Zuschüsse Betr.Ko	350				
2.Personalkostenersatz	380				
PK-Ersatz für Mitarbeiter all	382	0	0	0	0
ZDL	384	3.000	685	1.000	315-
Erstattung KVJS AP-Ausbildung	388	4.000	1.119	1.333	214-
Summe	390	7.000	1.804	2.333	529-
F. Überschuss/Fehlbetrag	1850	90.000	32.561	30.000	2.561
zuzügl. Abschreibungen	1855	0	0	0	0
abzügl.Erträge Aufl. So Po	1960	0	0	0	0
CASH FLOW	1900	90.000	32.561	30.000	2.561

Quelle: Schwien (2009), S. 108.

Anhang 9: Musterablauf für das Zielvereinbarungs- und Entwicklungsgespräch

Zielvereinbarungs- und Entwicklungsgespräch
Vorbereitungs- und Dokumentationsbogen
ZEG »Zukunft erfolgreich gestalten«

Name der Mitarbeiterin/des Mitarbeiters:

Gesprächstermin:

Regelgespräch: Ja/Nein   Anlass.

Inhalte:

1.   Reflexion der vergangenen Arbeitsperiode und der Zielerreichung
1.1   Einschätzung von Arbeitsausführung und Fachlichkeit
      ▪ Einschätzung der Qualität der Arbeitsausführung
      ▪ Einschätzung der Quantität der Arbeitsausführung
      ▪ Einschätzung des Fachwissens
      ▪ Einschätzung des Fachkönnens
1.2   Einschätzung des Arbeitsverhaltens anhand der persönlichen Kriterien aus dem Stellenbündel
      z. B. Abteilungsleiter/in
      ▪ Führungsverhalten
      ▪ Ökonomisches Handeln
      ▪ Vernetztes Denken und Handeln
      ▪ Kritikfähigkeit
      ▪ Belastbarkeit
1.3   Einschätzung der Zielerreichung
      ▪ Ziel 1 …

2.   Vereinbarungen zu Leistung und Verhalten (kriterienbezogen)
      ▪ z. B. Vernetztes Denken und Handeln
      ▪ Zielvereinbarung (mindestens 2, höchstens 4 Ziele, davon mindestens ein qualitatives und ein
        quantitatives Ziel)
      In der Zielformulierung müssen folgende Punkte berücksichtigt werden:
        – Zielbeschreibung,
        – Bis wann soll das Ziel erreicht werden?
        – Indikator für die Zielerreichung (Woran erkennt man die Zielerreichung?)
        – Maßnahmenplanung (Schritte zur Zielerreichung)
        – Unterstützende Maßnahmen zur Zielerreichung

3.   Förderung des Mitarbeiters
3.1   Fortbildung allgemein (Wünsche der Mitarbeiterin/des Mitarbeiters)
3.2   Vereinbarung von Maßnahmen zur Erledigung der Aufgaben und zur Erreichung der Ziele
3.3   Vereinbarung von Maßnahmen zur Beruflichen Weiterentwicklung innerhalb der stiftung st.
      franziskus heiligenbronn

Datum/Unterschrift	Datum/Unterschrift	Datum/Unterschrift
Führungskraft:	Mitarbeiter:	nächsthöhere Führungskraft:

Quelle: Schwien (2009), S. 112.

Anhang 10: Mail an Hilfsorganisationen

Thomas Hockenbrink

Von: Thomas Hockenbrink [Thomas.Hockenbrink@smail.wis.hochschule-bonn-rhein-sieg.de]
Gesendet: Sonntag, 4. März 2012 17:33
An: 'info@welthungerhilfe.de'
Betreff: Interesse an Ihrer Organisation

Sehr geehrte Damen und Herren,

mein Name ist Thomas Hockenbrink. Ich bin 31 Jahre alt, arbeite als Firmenkundenbetreuer bei der Kreissparkasse Köln und studiere nebenberuflich an der Hochschule Bonn Rhein-Sieg in 53757 Sankt Augustin im Masterstudiengang "Controlling und Management".

Aktuell arbeite ich an der Erstellung meiner Master-Thesis zu dem Thema:

Die Balanced Scorecard im Nachhaltigkeitscontrolling von Hilfsorganisationen.

Im ersten Schritt habe ich nach geeigneten und seriösen Hilfsorganisationen übers Internet gesucht. Dabei bin ich auf Ihre Organisation aufmerksam geworden.
Um eine Grundlage für meine Untersuchungen und dessen Bewertungen zu bekommen, benötige ich aussagekräftige Unterlagen.

Können Sie mir Unterlagen über Ihr Unternehmen zur Verfügung stellen?

Ich freue mich über eine positive Rückmeldung.

Für Rückfragen erreichen Sie mich gerne unter: ███████ oder ███████

Für Ihre Bemühungen im Voraus vielen Dank.

Freundliche Grüße
Thomas Hockenbrink

Quelle: Eigenes Mail.